Klasse 7

Ulrike Stolz & Lynn-Sven Kohl

Der Leseprofi

7

Fit durch Lesetraining!

Intensives Training des sinnerfassenden Lesens

Der Leseprofi / Fit durch Lesetraining!

Klasse 7

3. Auflage 2026

Inhalt: Ulrike Stolz, Lynn-Sven Kohl
Coverbild: © by-studio - AdobeStock.com
Redaktion: Kohl-Verlag
Grafik & Satz: Kohl-Verlag
Druck: Elanders Druck, Waiblingen

Bestell-Nr. 16 767

ISBN: 978-3-98841-107-5

Bildquellen:

(alle Adobestock.com, wenn nicht anderes angegeben)

Auf allen Seiten: © rosifan19; **Seite 2:** © Africa Studio; **Seite 6:** © New Africa; **Seite 7:** © Tatiana Shepeleva; **Seite 8:** © Volodymyr Shevchuk; **Seite 9:** © Alexander Raths; **Seite 10:** © Kevin Carden; **Seite 11:** © Pavlo Vakhrushev; **Seite 12:** © jordano; **Seite 13:** © clipart.com; **Seite 14:** © insta_photos; **Seite 15:** © peterschreiber.media; **Seite 16:** © 016Graphics; **Seite 17:** © SciePro; **Seite 18:** © wikimedia commons; **Seite 19:** © savcoco; **Seite 20:** © 1000aircraftphotos.com/Contributions/KleinBernhard; **Seite 21:** © Demarck; **Seite 22:** © ramoncarretero; **Seite 23:** © I LOVE PNG; **Seite 24:** © Romolo Tavani; **Seite 25:** © GarkushaArt; **Seite 26:** © Roland; **Seite 27:** © Beboy; **Seite 28:** © Tatyana Gladskih; **Seite 29:** © reineg; **Seite 30:** © Racle Fotodesign; **Seite 31:** © Romolo Tavani; **Seite 32:** © harisvithoulkas; **Seite 33:** © Yevgen Belich; **Seite 34:** © GiorgioMorara; **Seite 35:** © bakhtiarzein; **Seite 36:** © VanderWolf Images; **Seite 37:** © Marcito; **Seite 38:** © Ricochet64; **Seite 39:** © nsit0108; **Seite 40:** © suzesizu; **Seite 41:** © micoud78; **Seite 42:** © Sergey Novikov; **Seite 43:** © khulqi; **Seite 44:** © thingamajiggs; **Seite 45:** © mdworschak; **Seite 47:** © Belozorova Elena; **Seite 48:** © tiero; **Seite 49:** © Björn Wylezich; **Seite 50:** © Ljupco Smokovski; **Seite 51:** © Daniel Berkmann; **Seite 52:** © Ingo Bartussek; **Seite 53:** © PX Media; **Seite 54:** © Christin Klose; **Seite 55:** © Andrey Popov; **Seite 56:** © Juulijs; **Seite 57:** © szulyphoto; **Seite 58:** © farbkombinat; **Seite 59:** © alexshutter95

Kontakt: Kohl-Verlag, An der Brennerei 37-45, 50170 Kerpen
Tel: +49 2275 331610, Mail: info@kohlverlag.de

Inhalt

Wir werden Leseprofi / Klasse 7
Fit durch Lesetraining! – Bestell-Nr. 16 767
KOHL VERLAG

Vorwort

Profi! Wie wird man das?

Das ist eine berechtigte Frage. Und dann auch noch Leseprofi?
Gerade in diesem grundlegenden Bereich ziehen sich die Schwierigkeiten unserer Schülerinnen und Schüler durch alle Altersstufen und alle Schularten.
Um diese Schwierigkeiten zu beheben, wurde der Leseprofi entwickelt. Es wird neben der Lesetechnik und Lesefertigkeit auch das Textverständnis trainiert. Ein fragendes Denken soll mit Hilfe dieser Arbeitsblätter gefördert werden.

Aber was ist überhaupt Lesen? Worauf kommt es denn nun wirklich an?
Lesen ist Sinnentnahme aus allen möglichen Texten. Das reicht von der täglichen Fernsehprogrammbeschreibung bis zum wissenschaftlichen Text. Dabei gibt es diesen entscheidenden Lerneffekt:
Wichtiges von Unwichtigem zu unterscheiden!
Das geht nur durch Lesen und gleichzeitiges Verstehen!

Der Aufbau der Arbeitsblätter zielt vor allem auf das Verstehen des Gelesenen ab. Dabei geht das natürlich nicht immer, ohne auch zu schreiben. Denn nur, wer etwas Gelesenes auch reproduzieren, also „aufschreiben" kann, der hat den Sinn des Gelesenen auch verstanden.

Die 27 Einheiten im Heft sind nach Schwierigkeit sortiert - von einfach bis schwierig. Auf den Arbeitsblättern wird aber aus Gründen der Benachteiligung bewusst darauf verzichtet, den Schwierigkeitsgrad zu kennzeichnen. Kein Schüler muss wissen, dass der Lehrer/die Lehrerin ihm/ihr „nur" einen leichten Text gibt. So kann man die Schülerin/den Schüler schneller positiv bestärken, z.B. mit dem konkreten Hinweis auf sein konzentriertes Arbeiten. So fördert man Motivation und Konzentration.

Frei nach dem Motto „Wer nicht fragt, bleibt dumm!" gibt es natürlich in jedem Text auch einmal Wörter zu erklären. Meistens ist dies im Text nur auf ein bis zwei unbekannte Wörter beschränkt, sodass die Schülerin/der Schüler sich mit diesen Begriffen und ihren Bedeutungen auseinandersetzen kann. Möchte man den Lese-Wortschatz erweitern, müssen neue unbekannte Wörter/Begriffe eingebaut werden. Diese werden aus dem Kontext heraus oder durch zusätzliche Erklärungen mit Inhalt gefüllt. Dies kann die Schüler auch zum Nachschlagen von Begriffen in Lexika führen. Ein weiterer positiver Lerneffekt!

Zusätzliches Material zum Leseprofi bietet das passende Arbeitsheft zu jeder Ausgabe. Hier wird Lesen und Verstehen mit Aufgabentypen verschiedenster Art gefördert. Alle diese Materialien können unabhängig voneinander eingesetzt werden.

Der Leseprofi macht jeden Schüler zum Profi, weil das wichtigste Ziel beim Lesen verfolgt wird:
Unwichtiges von Wichtigem lesend zu trennen!

An dieser Stelle möchten wir uns für die Unterstützung bei Sylvia Hielscher, Wolfgang Wertenbroch und Erich van Heiss ganz herzlich bedanken.

Ihnen und Ihren Schülern wünschen wir viel Erfolg und Freude mit den vorliegenden Kopiervorlagen.

Ihr Kohl-Verlagsteam,

Lynn-Sven Kohl & Ulrike Stolz

Methoden

So wird mit dem Leseprofi gearbeitet!

So kann der Schüler/die Schülerin mit dem Leseprofi arbeiten:

1. Arbeitsblatt

- Der Text wird gelesen. Eventuell wird der Text auch ein zweites Mal gelesen.
- Der Text kann, um ein nochmaliges Nachlesen zu verhindern, nach hinten weggeklappt werden.
- Im 1. Lernschritt werden die Aussagen zum Text gelesen. Mit einem lachenden Gesicht werden die richtigen Aussagen gekennzeichnet. Dies kann je nach Alter der Schüler auch mit Selbstkontrolle über das Lösungsblatt kontrolliert werden. Das Lösungsblatt könnte z.B. beim Lehrer ausgelegt sein.

2. Arbeitsblatt

- Der zweite Lernschritt ist additiv. Er kann nach Belieben hinzugenommen oder weggelassen werden.
- Die Fragen werden gelesen und schriftlich beantwortet. Dafür kann der Text auch noch einmal vollständig gelesen werden.
- Schwächere oder jüngere Schüler können mit der „Unterstreichmethode" arbeiten. So muss nur gelesen und nichts geschrieben werden. Es eignen sich Textmarker zum Markieren einzelner Textstellen. Die Fragestellung zum 2. Lernschritt sollte dann zusätzlich so formuliert werden: *„Unterstreiche im Lesetext die passenden Antworten. Schreibe am Rand die dazugehörigen Buchstaben daneben!"*

Zusätzliche Ideen und Überlegungen für den Lehrer:

- Da die Texte nach Schwierigkeitsgraden im Heft sortiert sind, auf dem Blatt aber nicht als leicht oder schwierig gekennzeichnet wurden, hat der Lehrer die Möglichkeit, jeden Schüler positiv zu bestärken.
  Dabei sollte ganz konkret gesagt werden, was ein Schüler toll gemacht hat (z.B. hat er sich prima konzentriert). Allgemeines Lob wird auch nur allgemein wahrgenommen. Deshalb sollte man immer das gewünschte Verhalten konkret benennen und loben.
- Schwache Schüler profitieren von der „Unterstreichmethode". Mit verschiedenen Textmarkern macht das richtig Spaß und diese Schüler haben die gleichen Ergebnisse wie ihre schreibenden Mitschüler.
- Überschriften machen neugierig. Sie stimmen auf mögliche Inhalte des Textes ein. In einem einstimmenden Gesprächskreis können Vermutungen geäußert werden, die motiveren (z.B.: Woran denkst du bei dieser Überschrift? Was könnte im Text vorkommen? Wovon könnte er handeln? usw.) Schüler haben dann eine Erwartungshaltung und sind gespannt darauf, was der Text nun wirklich zu bieten hat.
- Der Lese-Wortschatz wird durch nicht so geläufige Begriffe erweitert. Aus dem Kontext heraus werden sie mit Inhalt gefüllt.
- Der Zusatzkasten mit Sprech- und Schreibanlässen gibt Stoff für weitere Stunden und angeregte Diskussionen und setzt sich mit den beschriebenen Sach- und Sozialthemen auseinander. Sachtexte regen zum Weiterlesen in Lexika oder entsprechenden Natur- und Sachkundebüchern an. Deshalb wird auch gelegentlich angeregt, das Internet für weitere Nachforschungen zu nutzen.
- Die Texte können als Vorlage benutzt werden, um zu lernen, Unwichtiges zu streichen und das Wichtige in Stichwörtern zusammenzufassen. Eine Folge wird sein, dass auch eigene Texte mit Wichtigem/den Kernaussagen gefüllt sein werden.
  Der Leseprofi fördert das Textverständnis auch für völlig unbekannte Texte, da methodisch vorgegangen wird. Der Schüler merkt sich nur das Wesentliche!

1 Salmonellen

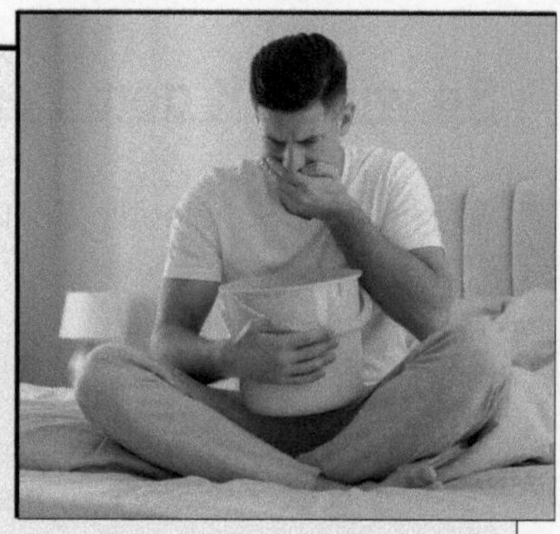

Eine Infektion mit Salmonellen gehört zu den häufigsten Lebensmittelvergiftungen. Der Erreger der Krankheit kommt in Fleisch, Milch, Milchprodukten, Eiern, Muscheln und Trinkwasser vor. Die in den verseuchten Lebensmitteln vorkommenden Salmonellen geben Toxine, das sind Giftstoffe, beim Essen an den Organismus ab. Diese Giftstoffe rufen Symptome wie Erbrechen und Durchfall hervor. Dauer und Verlauf der Krankheit ist vom Gesundheitszustand des Patienten abhängig. Der Arzt, der schnellstens aufgesucht werden sollte, entscheidet über die Therapie. Nach einigen Tagen lassen die Beschwerden nach. Bei einem geschwächten Körper kann die Erkrankung zum Tode führen. Betroffen sind hier besonders Kinder und alte Menschen. Die Ansteckung erfolgt nicht von Mensch zu Mensch, sondern über deren Ausscheidungen und über Abwässer.

112 Wörter

1. Lernschritt

➔ *Lies die folgenden Sätze aufmerksam durch.*

➔ *Ist die Aussage inhaltlich richtig? Dann kreuze die Aussage an.*

(!) *Achtung: Du darfst jetzt nicht mehr im Text nachlesen!*

- -

Knicke das Blatt entlang dieser Linie nach hinten.

Richtig 

1	Eine Infektion mit Salmonellen gehört zu den häufigsten Knochenbrüchen.	
2	Die Erreger der Krankheit kommen in der Luft vor.	
3	Toxine sind besonders harmlose Lebensmittel.	
4	Toxine rufen Symptome wie Sodbrennen und Kopfweh hervor.	
5	Eine Infektion mit Salmonellen dauert immer vier Tage.	
6	Dauer und Verlauf der Krankheit ist vom Gesundheitszustand des Patienten abhängig.	
7	Bei einem geschwächten Körper kann die Erkrankung zum Tode führen.	
8	Die Ansteckung erfolgt nicht von Mensch zu Mensch, sondern über deren Ausscheidungen und über Abwässer.	
9	Man kann sich auch über die Luft mit Salmonellen infizieren.	
10	Kleine Kinder werden von Salmonellen nicht angesteckt.	

1 Salmonellen

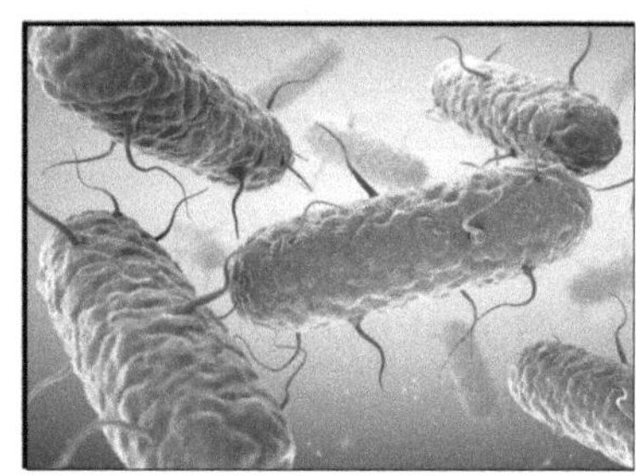

2. Lernschritt

➔ *Beantworte die folgenden Fragen zum Lesetext sinngemäß.*

➔ *Schreibe in vollständigen Sätzen.*

a) Welche Infektion gehört zu den häufigsten Lebensmittelvergiftungen?

____

____

b) In welchen Lebensmitteln können zum Beispiel die Erreger der Krankheit vorkommen?

____

____

c) Was sind Toxine? ______________________________

____

d) Welche Symptome können durch diese Giftstoffe hervorgerufen werden?

____

____

e) Wie sind Dauer und Verlauf der Salmonelleninfektion? ______________

____

f) Was kann bei einem geschwächten Körper passieren? ______________

____

g) Wie erfolgt die Ansteckung? ______________________

____

Zusatzaufgabe

Erkläre, warum Salmonellen besonders Kindern und älteren Menschen gefährlich werden können. Bedenke auch, dass man bei kleinen Babys z.B. die Schnuller und Trinkflaschen z.B. auskocht.

2 Seife

Seit wann benutzen die Menschen diese reinigende Substanz? Vor 4000 Jahren wurde die Seife von babylonischen Chemikern erfunden. Sie verkochten Öle und alkalihaltige Stoffe zu einer Substanz, mit der man sich vor allem die Haare wusch. Es standen aber auch andere Reinigungsmittel zur Verfügung. Die Römer rieben sich mit Olivenöl ab, die Ägypter benutzten Soda und die Griechen nahmen Sand, Asche und Bimsstein. Mit dem Niedergang des Römischen Reiches ging es auch mit der Sauberkeit bergab. Aber nur in Europa, in den byzantinischen und später muslimischen Ländern legte man großen Wert auf Reinlichkeit. In China hat man nie Fettseifen benutzt, denn es gab eine Alternative: Die ‚Seifenbohne' enthält Saponin, die reinigende Substanz der Seife. Sie wird zu einem Öl gepresst und reinigt die Seidenstoffe besonders schonend.

127 Wörter

1. Lernschritt

➔ *Lies die folgenden Sätze aufmerksam durch.*

➔ *Ist die Aussage inhaltlich richtig? Dann kreuze die Aussage an.*

(!) *Achtung: Du darfst jetzt nicht mehr im Text nachlesen!*

Knicke das Blatt entlang dieser Linie nach hinten.

Richtig 

Nr.	Aussage	Richtig
1	Seife wurde vor 4000 Jahren von den Indianern erfunden.	
2	Man verkochte Öle und alkalihaltige Stoffe zu einer Substanz, mit der man sich die Haare wusch.	
3	Die Römer rieben sich mit Essig ab.	
4	Die Ägypter benutzten dazu Soda.	
5	Die Griechen rieben sich mit Sand, Asche und Bimsstein ab.	
6	Mit dem Niedergang des römischen Reiches ging es mit der Sauberkeit steil bergauf.	
7	In den muslimischen Ländern legte man weiterhin größten Wert auf Sauberkeit.	
8	In China benutzte man immer nur Fettseifen.	
9	Die „Seifenbohne" ist eine Alternative zu den Fettseifen.	
10	Mit dem Öl der Seifenbohne werden Seidenstoffe besonders schonend gereinigt.	

Wir werden Leseprofi / Klasse 7 – Bestell-Nr. 16 767
Fit durch Lesetraining!
KOHL VERLAG

2 Seife

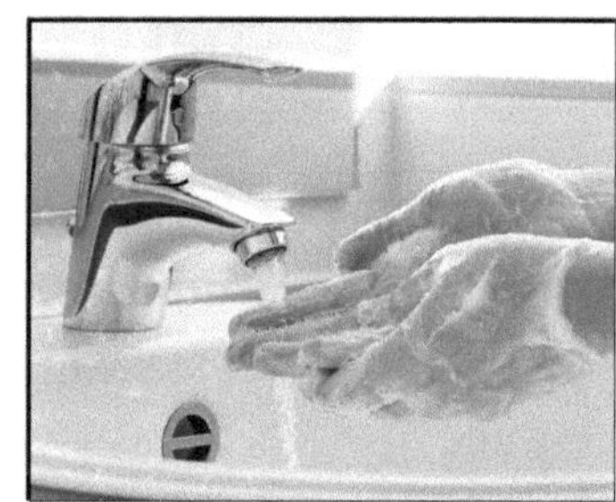

2. Lernschritt

➔ *Beantworte die folgenden Fragen zum Lesetext sinngemäß.*

➔ *Schreibe in vollständigen Sätzen.*

a) Seit wann benutzen Menschen Seife? ____

____

b) Wie wurde das Haarwaschmittel hergestellt, das von babylonischen Chemikern erfunden wurde?

____

____

____

c) Welche anderen Alternativen gab es bei den Römern, den Griechen oder den Ägyptern, um sich zu reinigen?

____

____

d) Was passierte mit der Hygiene in Europa nach dem Niedergang des Römischen Reiches?

____

e) Wo legte man stattdessen größten Wert auf Reinlichkeit? ____

____

____

f) Was benutzte man in China an Stelle von Fettseifen? ____

____

g) Was reinigt das Öl der „Seifenbohne" besonders schonend? ____

____

Zusatzaufgabe

Was wurde in den verschiedenen Nationen benutzt, um sich zu reinigen? Erstelle eine Tabelle.

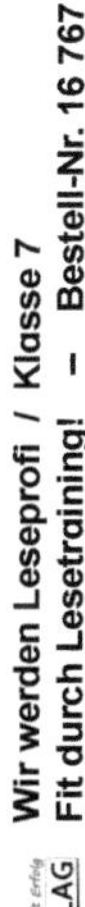

Wir werden Leseprofi / Klasse 7
Fit durch Lesetraining! – Bestell-Nr. 16 767

3 Die Sonne

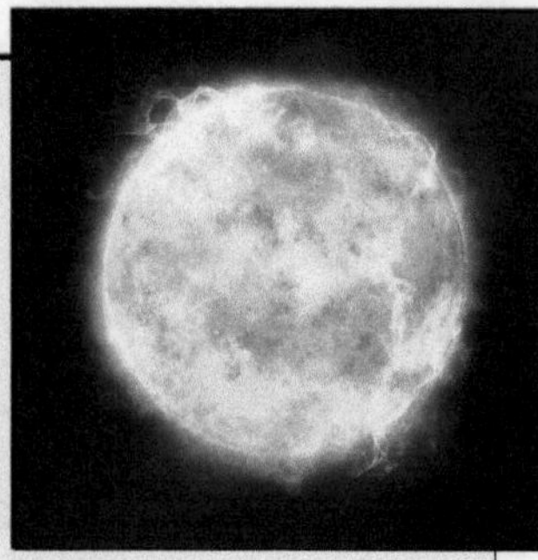

Wie alle Sterne besteht die Sonne aus glühend heißem Gas. In ihrem Inneren wird ständig Wasserstoff in Helium verwandelt. Die freiwerdende Energie dieser Reaktion ist das Licht, das wir sehen und die Wärme, die wir fühlen können. Die Sonne ist „nur" 150 Millionen Kilometer entfernt. Ihr Durchmesser beträgt knapp 1,4 Millionen Kilometer. Im Zentrum erreicht die Temperatur ca. 14 Millionen °C, während die Oberfläche nur 6000°C hat. Riesige Gasausbrüche, auch Protuberanzen genannt, gehen ständig von der Sonnenoberfläche ab. Einige reichen bis zu 2 Millionen Kilometer in das Weltall hinein. Die Sonne hat auch dunklere und kühlere Stellen auf ihrer Oberfläche, die Sonnenflecken. Einige sind größer als die Erde. Gewaltige Energieausbrüche an der Sonnenoberfläche nennt man Sonnenflares. Die Nordlichter am nächtlichen Himmel in der Nähe der Pole werden durch sie ausgelöst.

132 Wörter

1. Lernschritt

➔ *Lies die folgenden Sätze aufmerksam durch.*

➔ *Ist die Aussage inhaltlich richtig? Dann kreuze die Aussage an.*

(!) *<u>Achtung</u>: Du darfst jetzt nicht mehr im Text nachlesen!*

Knicke das Blatt entlang dieser Linie nach hinten.

		Richtig X
1	Die Sonne besteht aus kühler Flüssigkeit.	
2	Im Sonneninneren wird ständig Wasserstoff in Helium verwandelt.	
3	Da die Sonnenoberfläche mit gelbem Sand bedeckt ist, leuchtet die Sonne für uns so hell.	
4	Die Sonne ist „nur" 150 Millionen Kilometer entfernt.	
5	Ihr Durchmesser ist knapp 1,4 Meter groß.	
6	Die Oberfläche der Sonne hat nur die Temperatur von 6000°C.	
7	Die Sonne hat nur leuchtende und heiße Stellen auf ihrer Oberfläche.	
8	Einige kühle Stellen auf der Sonne sind größer als die Erde.	
9	Gewaltige Energieausbrüche an der Sonnenoberfläche nennt man Sonnenflares.	
10	Sonnenflares haben nichts mit den Nordlichtern am nächtlichen Himmel in der Nähe der Pole zu tun.	

KOHL VERLAG
Wir werden Leseprofi / Klasse 7
Fit durch Lesetraining! – Bestell-Nr. 16 767

3

Die Sonne

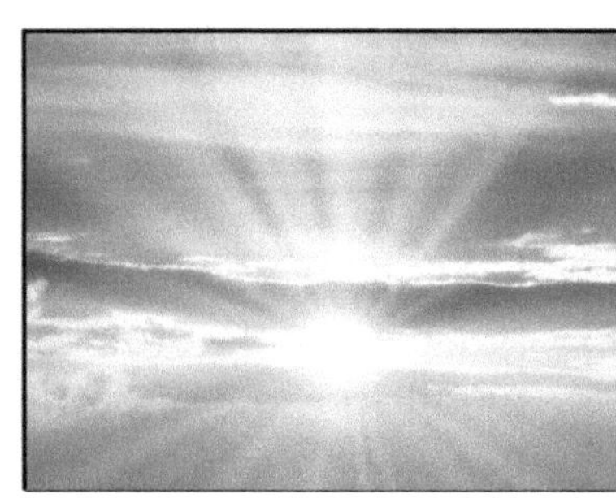

2. Lernschritt

➔ *Beantworte die folgenden Fragen zum Lesetext sinngemäß.*

➔ *Schreibe in vollständigen Sätzen.*

a) Woraus besteht die Sonne? ____

____

b) Was passiert mit dem Wasserstoff im Sonneninneren? ______________________

____

c) Woher stammt das Licht, das wir von der Sonne sehen? _____________________

____

d) Welche Temperaturen werden auf der Sonne erreicht? ______________________

____

e) Was sind Protuberanzen, die ständig von der Sonnenoberfläche abgehen? __________

____

____

f) Was sind Sonnenflecken? ____

____

g) Was sind Sonnenflares? ____

____

h) Was lösen Sonnenflares am nächtlichen Himmel aus? _______________________

____

Zusatzaufgabe

Sucht im Lexikon oder forscht im Internet nach drei weiteren interessanten Informationen über die Sonne, die nicht im Lesetext enthalten sind.

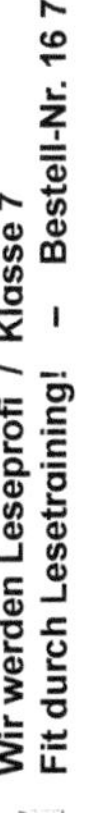

Wir werden Leseprofi / Klasse 7
Fit durch Lesetraining! – Bestell-Nr. 16 767

4 Alles in der Luft

Eigentlich denken wir immer, dass die Luft, die wir atmen, nur aus Sauerstoff und Stickstoff besteht. Aber das stimmt nicht! In der Luft schweben auch andere kleinste Teilchen. Diese kommen von überall her und haben oft schon eine weite Reise hinter sich. Sogar aus der Wüste befinden sich kleinste Sandkörnchen in unserer Luft in Mitteleuropa, obwohl die nächste Wüste weit weg ist: Der feine Sand wird durch warme Winde aufgewirbelt. Diese steigen nach oben und nehmen die feinen Sandteilchen mit auf den langen Weg. Deshalb befinden sich auch Millionen Tonnen von Sand in der Luft rund um unsere Erde. Zusätzlich zu den vom Wind aufgewirbelten Teilchen kommen die Abgase von Fabriken und Fahrzeugen hinzu. Deshalb befinden sich auch kleine Rußteilchen in der Luft. Aus der Natur machen sich Pollen von den verschiedensten Pflanzen mit der Luft auf den Weg. Einige Teilchen sind mit der Luft nur wenige Minuten unterwegs. Ascheteilchen von Vulkanausbrüchen sind oft bis zu zwei Jahren auf ihrer luftigen Reise.

166 Wörter

1. Lernschritt

➔ *Lies die folgenden Sätze aufmerksam durch.*

➔ *Ist die Aussage inhaltlich richtig? Dann kreuze die Aussage an.*

 *Achtung: Du darfst jetzt nicht mehr im Text nachlesen!*

Knicke das Blatt entlang dieser Linie nach hinten.

		Richtig X
1	Die Luft, die wir atmen, besteht nur aus Sauerstoff und Stickstoff.	
2	In der Luft schweben auch kleinste Teilchen.	
3	Die kommen von den riesigen Müllhalden in unserer Landschaft.	
4	Aus der Wüste werden Sandteilchen mit in die Luft geschleudert.	
5	Abgase von Fabriken befinden sich auch in der Luft.	
6	Aus der Natur machen sich nur Blätter mit auf den Weg.	
7	Pollen fliegen auch mit der Luft zu einer anderen Pflanze.	
8	Alle Teilchen sind nur wenige Minuten unterwegs.	
9	Ascheteilchen von Vulkanausbrüchen sind oft bis zu zwei Jahren unterwegs.	
10	Luft ist verseucht, wenn sich solche kleinen Teilchen in ihr befinden.	

KOHL VERLAG
Wir werden Leseprofi / Klasse 7 – Bestell-Nr. 16 767
Fit durch Lesetraining!

4 Alles in der Luft

2. Lernschritt

➔ *Beantworte die folgenden Fragen zum Lesetext sinngemäß.*

➔ *Schreibe in vollständigen Sätzen.*

a) Besteht Luft nur aus Sauerstoff und Stickstoff?

____

____

b) Woher kommen die kleinen Teilchen in der Luft? Nenne ein Beispiel! ______________

____

c) Wie kommt es, dass sich Sand aus der Wüste in unserer Luft in Mitteleuropa befindet?

____

____

d) Was kommt zusätzlich zu diesen vom Wind aufgewirbelten Teilchen noch hinzu?

____

____

e) Was entsteht durch die Abgase von Autos und Fabriken und gelangt noch zusätzlich in die Atemluft?

____

____

f) Was macht sich aus der Natur auf den Weg mit der Luft? ______________

____

g) Wie lange können Ascheteilchen in der Luft bleiben? ______________

____

Zusatzaufgabe

Verfasse aus der Sicht eines Sandkorns einen Reisebericht mit dem Wind von der Wüste bis zu deinem Heimatort. Du kannst für deine Reiseroute den Atlas zu Hilfe nehmen. Schreibe in dein Heft.

KOHL VERLAG Wir werden Leseprofi / Klasse 7 – Bestell-Nr. 16 767
Fit durch Lesetraining!

5 Impfungen

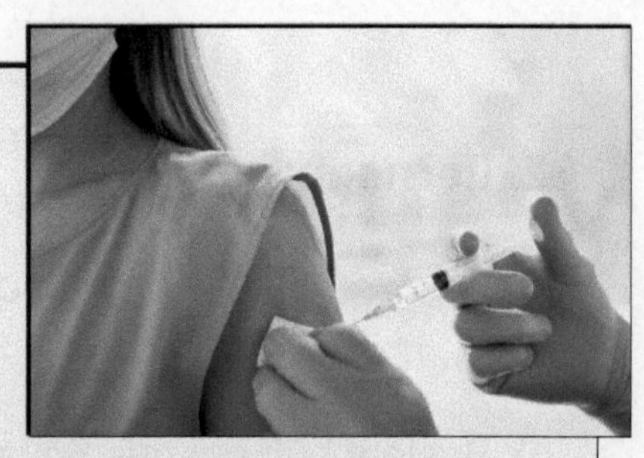

Impfungen gegen Masern, Mumps und Röteln erhält heute jeder Säugling, der zu den regelmäßigen Vorsorgeuntersuchungen gebracht wird. Auch vor Pocken und Kinderlähmung kann man die Kleinen schützen. Das war nicht immer so. Erst 1802 wurden die wissenschaftlichen Abhandlungen von Edward Jenner (1749-1823) von der Royal Society anerkannt. Er hatte die passive Immunisierung durch Kuhpocken entdeckt. Als englischem Landarzt fiel ihm auf, dass die Mägde und Knechte, die mit Kuhpocken infiziert worden waren, nicht mehr an den richtigen Pocken erkrankten. Damals rottete diese Infektionskrankheit ganze Landstriche aus. Ein Heilmittel war nötig, um die Menschheit von der Geißel zu befreien. 1796 wagte Jenner ein gefährliches Experiment: Er ritzte dem achtjährigen James Phipps Pockenerreger in die Haut. Er steckte den Bauernjungen absichtlich an! Aber der Junge erkrankte nicht, denn Jenner hatte ihn zuvor mit Kuhpocken infiziert. James konnte Pockenantikörper bilden und war immunisiert. Nach diesem Prinzip, den Körper hierdurch Abwehrkräfte bilden zu lassen, funktionieren alle Impfungen.

154 Wörter

1. Lernschritt

➔ *Lies die folgenden Sätze aufmerksam durch.*
➔ *Ist die Aussage inhaltlich richtig? Dann kreuze die Aussage an.*

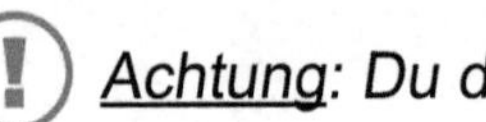

Achtung: Du darfst jetzt nicht mehr im Text nachlesen!

Knicke das Blatt entlang dieser Linie nach hinten.

Richtig 

Nr.	Aussage	Richtig
1	Jeder Säugling der regelmäßig zu den Vorsorgeuntersuchungen kommt, erhält heute Impfungen gegen Masern, Mumps und Röteln.	
2	Heute kann man die Kinder nicht vor Pocken schützen.	
3	Edward Jenner entdeckte die passive Immunisierung durch Kuhpocken.	
4	Jenner war französischer Stadtarzt.	
5	Ihm fiel auf, dass adlige Leute sich nicht mit den Pocken infizieren konnten.	
6	Mägde und Knechte, die mit Kuhpocken infiziert worden waren, konnten nicht mehr an den gefährlichen Pocken erkranken.	
7	Jenner wagte ein harmloses Experiment, um ein Heilmittel gegen die Pocken zu finden.	
8	Der Arzt Jenner hatte den achtjährigen James Phipps zuerst mit Kuhpocken infiziert.	
9	Wegen der Infektion durch die Kuhpocken konnte der kleine James an den Pockenerregern nicht mehr erkranken.	
10	James konnte Pockenantikörper bilden und war immunisiert.	

Wir werden Leseprofi / Klasse 7 – Bestell-Nr. 16 767
Fit durch Lesetraining!
KOHL VERLAG

5 Impfungen

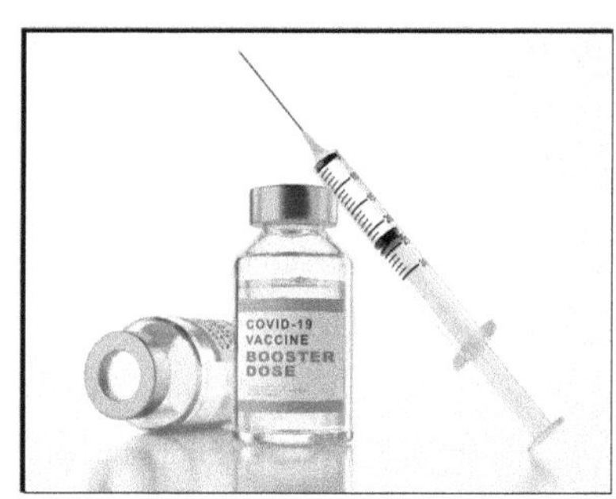

2. Lernschritt

➔ *Beantworte die folgenden Fragen zum Lesetext sinngemäß.*

➔ *Schreibe in vollständigen Sätzen.*

a) Was erhält jeder Säugling, der regelmäßig zu den Vorsorgeuntersuchungen gebracht wird?

____

____

b) Was hatte der Landarzt Edward Jenner entdeckt? ______________________

____

c) Was war ihm bei den Mägden und Knechten aufgefallen? ______________________

____

____

d) Was war nötig, um die Menschen vor der Geißel der Pocken zu befreien? ____________

____

e) Was machte Jenner mit dem achtjährigen James Phipps? ______________________

____

____

f) Wieso erkrankte der Junge nicht an den Pocken? ______________________

____

g) Nach welchem Prinzip funktionieren alle Impfungen? ______________________

____

Zusatzaufgabe

Erkläre mit deinen eigenen Worten, warum der kleine James Phipps nicht mehr an den Pocken erkranken konnte.

6 Wirbelsäule

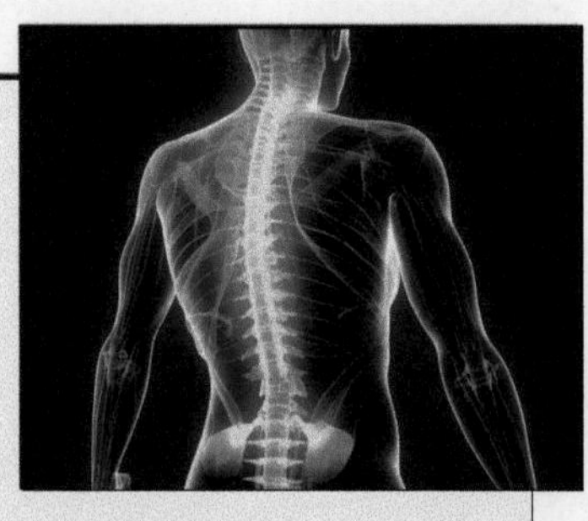

Jedes Wirbeltier hat eine. Sie macht uns beweglich, federt Stöße ab und gibt uns auch die Stabilität, mal etwas Schweres zu tragen. Die Wirbeltiere, die auf vier Beinen gehen, entlasten ihre Wirbelsäule besser als wir Zweibeiner. Deshalb sollte auf ihrer Gesunderhaltung unser besonderes Augenmerk liegen. Im Röntgenbild sieht sie von der Seite aus wie ein doppelt s-förmiger Turm aus 33 Knochen. 24 sind beweglich und heißen Wirbelkörper. Bänder und Muskeln sorgen dafür, dass dieser Turm nicht einknickt, beweglich ist und jede Bewegung mitmacht. Zwischen den Wirbeln sind kleine Geleekissen, die Bandscheiben, die als Stoßdämpfer dienen. Die Giraffe hat genauso viele Wirbel wie die Menschen, nur sind die Halswirbel stabiler, denn sie müssen den langen Hals tragen. 40 cm lang ist ein Giraffenhalswirbel. Zum Fliegen eignet sich ein starres Knochengerüst besser, deshalb haben Vögel viele verwachsene Wirbel. Schlangen verfügen über ein elastisches Gerüst mit bis zu 400 Wirbeln. Da 80% der deutschen Bevölkerung im Laufe ihres Lebens mit dem Rücken Probleme bekommen, sollte man vorbeugen und Sport treiben!

169 Wörter

1. Lernschritt

➔ *Lies die folgenden Sätze aufmerksam durch.*

➔ *Ist die Aussage inhaltlich richtig? Dann kreuze die Aussage an.*

 *Achtung: Du darfst jetzt nicht mehr im Text nachlesen!*

Knicke das Blatt entlang dieser Linie nach hinten.

Richtig 

		X
1	Jedes Tier hat eine Wirbelsäule.	
2	Die Wirbelsäule gibt uns die Stabilität, mal etwas Schweres zu tragen.	
3	Zweibeiner belasten ihre Wirbelsäule weniger als Vierbeiner.	
4	Im Röntgenbild sieht die Wirbelsäule wie ein L aus.	
5	24 von 33 Knochen sind beweglich und heißen Wirbelkörper.	
6	Die Bandscheiben dienen als Stoßdämpfer zwischen den Wirbeln.	
7	Die Giraffe hat viel mehr Wirbel als wir Menschen, da sie einen längeren Hals hat.	
8	Zum Fliegen eignet sich ein starres Knochengerüst besser.	
9	Schlangen haben ebenfalls ein starres Knochengerüst.	
10	Sport ist nicht gesund, um Problemen mit dem Rücken vorzubeugen.	

KOHL VERLAG Wir werden Leseprofi / Klasse 7 – Fit durch Lesetraining! – Bestell-Nr. 16 767

6 Wirbelsäule

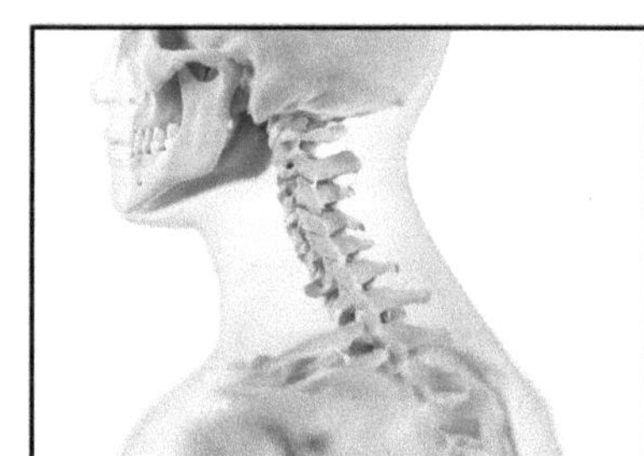

2. Lernschritt

➔ *Beantworte die folgenden Fragen zum Lesetext sinngemäß.*

➔ *Schreibe in vollständigen Sätzen.*

a) Welche Aufgaben hat die Wirbelsäule? ______________________________

____

b) Wieso sollten wir, im Gegensatz zu Vierbeinern, besonders darauf achten, unsere Wirbelsäule gesund zu erhalten? ______________________________

____

c) Wie sieht eine Wirbelsäule im Röntgenbild aus? ______________________________

____

d) Was sorgt dafür, dass unsere Wirbelsäule beweglich ist? ______________________________

____

____

e) Was dient als Stoßdämpfer zwischen den einzelnen Wirbeln? ______________________________

____

f) Wie sehen bei einer Giraffe die Halswirbel aus? ______________________________

____

g) Warum haben Vögel ein starres Knochengerüst? ______________________________

____

h) Wie kann man Wirbelsäulenproblemen vorbeugen? ______________________________

____

Zusatzaufgabe

Erstellt gemeinsam eine Skizze der Wirbelsäule und beschriftet sie. Benutzt dazu die Informationen und Begriffe aus dem Text und nehmt ein Biologiebuch zu Hilfe.

KOHL VERLAG Wir werden Leseprofi / Klasse 7 – Fit durch Lesetraining! – Bestell-Nr. 16 767

7 Michelangelo

Ein bedeutender und genialer Künstler der italienischen Renaissance war Michelangelo. Er war nicht nur Maler und Bildhauer, sondern auch Baumeister und Dichter. Lorenzo de Medici förderte das junge Genie, das so im Florenz des 15. Jahrhunderts schnell berühmt wurde. Er konnte wie ein Besessener viele Stunden am Tag und in der Nacht arbeiten und schaffte so viele fantastische Meisterwerke. Papst Julius holte ihn 1504 nach Rom. Dort sollte er die Sixtinische Kapelle ausmalen. Das gewaltige Fresko wurde 40 m lang und 13 m breit. Er lag auf einem Gerüst direkt unter der Decke, während er malte. Die schwierigen Figuren übernahm er selbst. Es war damals nämlich üblich, die einfacheren, weniger wichtigen Stellen eines Gemäldes von den Gehilfen malen zu lassen. Die Gehilfen waren spezialisiert auf das Malen von Faltenwürfen, Hintergründen oder Gesichtern. Michelangelos berühmteste Skulptur aus einem einzigen Block Marmor ist der David. Sie ist über 5 Meter hoch und steht in Florenz auf dem Marktplatz. Aber das ist nur eine Kopie. Das Original ist im Museum untergebracht.

167 Wörter

1. Lernschritt

➔ *Lies die folgenden Sätze aufmerksam durch.*

➔ *Ist die Aussage inhaltlich richtig? Dann kreuze die Aussage an.*

(!) *Achtung: Du darfst jetzt nicht mehr im Text nachlesen!*

- -

Knicke das Blatt entlang dieser Linie nach hinten.

Richtig 

1	Ein bedeutender und genialer Künstler der italienischen Renaissance war Michelangelo.	
2	Er war Richter, Anwalt und Kaufmann.	
3	Michelangelo wurde von Lorenzo de Medici gefördert.	
4	Michelangelo konnte viele Stunden am Tag und in der Nacht arbeiten.	
5	In Rom sollte Michelangelo die Sixtinische Kapelle ausmalen.	
6	Er malte nur die Fresken auf dem Boden aus.	
7	Beim Ausmalen der Sixtinischen Kapelle hatte er keinerlei Hilfe.	
8	Die Gehilfen Michelangelos hatten die Aufgabe, die Farben anzurühren.	
9	Die berühmteste Skulptur Michelangelos ist Goliath.	
10	Das Original des Davids steht auf dem Marktplatz in Florenz.	

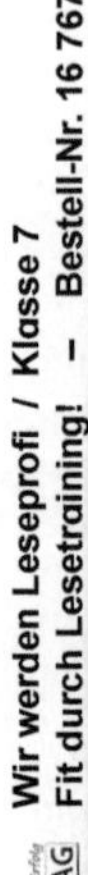

7 Michelangelo

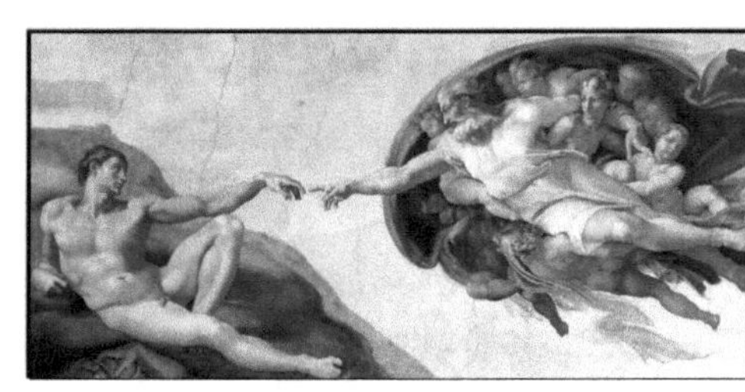

2. Lernschritt

➔ *Beantworte die Fragen zum Lesetext sinngemäß.*

➔ *Schreibe in vollständigen Sätzen.*

a) Wer war Michelangelo und welche Berufe übte er aus?

b) Wer förderte Michelangelo und in welcher Stadt wurde er gefördert?

c) Wer holte ihn nach Rom?

d) Was sollte Michelangelo in Rom tun?

e) Was übernahm Michelangelo selbst, was ließ Michelangelo von seinen Gehilfen in der Sixtinischen Kapelle ausführen?

f) Wer ist David?

g) Wo ist das Original dieser Skulptur?

Zusatzaufgabe

Verfasst einen Brief von Michelangelo an seinen Förderer Lorenzo de Medici. Darin wird mitgeteilt, dass die Sitzfiguren des Giuliano und Lorenzo de Medici in der Neuen Sakristei der Medici-Kapelle in Florenz fertiggestellt sind.

8 Schulweg

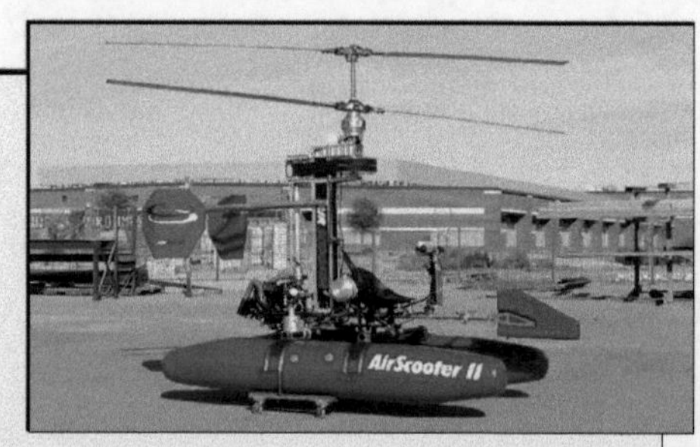

Die Schule ist aus und die Schüler der „Rikkyo Grundschule“ in Tokio verlassen das Gebäude. Nicht ohne dass ihre Eltern davon Kenntnis nehmen. In den Rucksäcken der kleinen Japaner befindet sich ein Mini-Sender, der genau registriert, wo sich das Kind gerade befindet. Wenn es die Schule verlässt oder betritt, meldet der Sender dies dem Schulcomputer. Eine SMS wird an die Eltern herausgegeben und die können so kontrollieren, wann ihr Kind die Schule verlassen hat oder angekommen ist. Lehrer und Eltern hoffen so, schneller reagieren zu können, wenn einem Kind etwas auf dem Schulweg passiert ist. Manche Kinder haben einen Schulweg von fast zwei Stunden. Nicht einen Mini-Sender, sondern einen Mini-Helikopter hat Woody Norris in den USA entwickelt. Wer in abgelegenen Gegenden dieses großen Landes lebt und den Schulbus verpasst, braucht nicht in Panik zu geraten. Das Gefährt fliegt mit maximal 100 km/h zur Bildungseinrichtung. Nicht mal einen Flugschein benötigt man für den Zwerghubschrauber. Billig ist es nicht, sich so auf den Weg zu machen. Rund 40.000 Euro kostet das Fluggerät, das nur etwas größer als ein Auto ist.

180 Wörter

1. Lernschritt

➔ *Lies die folgenden Sätze aufmerksam durch.*

➔ *Ist die Aussage inhaltlich richtig? Dann kreuze die Aussage an.*

(!) *<u>Achtung</u>: Du darfst jetzt nicht mehr im Text nachlesen!*

- -

Knicke das Blatt entlang dieser Linie nach hinten.

Richtig 

1	Die Eltern bekommen nicht mit, wenn ihr Kind die „Rikkyo Grundschule“ in Tokio verlässt.	
2	Sie werden per E-Mail ins Büro über den Aufenthaltsort ihrer Kinder informiert.	
3	Lehrer und Eltern hoffen so, schneller reagieren zu können,wenn einem Kind etwas auf dem Schulweg passiert ist.	
4	Die Eltern werden per SMS benachrichtigt.	
5	Woody Norris hat ein Schultaxi für bis zu zwölf Schüler entwickelt.	
6	Woody Norris entwickelte einen Zwerghubschrauber.	
7	Um diesen Hubschrauber zu fliegen, benötigt man einen Flugschein.	
8	Der Hubschrauber ist so groß wie ein Omnibus.	
9	Er kostet rund 40000 Euro.	
10	In den USA haben ihn alle Schüler, die auf dem Land leben.	

Wir werden Leseprofi / Klasse 7 – Bestell-Nr. 16 767
Fit durch Lesetraining!
KOHL VERLAG

8 Schulweg

2. Lernschritt

➔ *Beantworte die Fragen zum Lesetext sinngemäß.*

➔ *Schreibe in vollständigen Sätzen.*

a) Wie erfahren die Eltern, dass ihre Kinder die Schule verlassen haben? ________________

____

____

b) Was hoffen Lehrer und Eltern so schneller zu erfahren? ____________________

____

____

c) Wie lang ist der Schulweg für einige Schüler? ________________________________

____

d) Was hat Woody Norris in den USA entwickelt? _______________________________

____

e) Wann brauchen Schüler nicht in Panik zu geraten? ____________________________

____

____

f) Braucht man einen Flugschein, um den Zwerghubschrauber zu fliegen? ____________

____

g) Was kostet dieser Zwerghubschrauber? ____________________________________

____

Zusatzaufgabe

Wie findet ihr diese Art der Überwachung? Oder ist das einfach nur eine richtig gute Idee? Diskutiert und haltet nach fünf Minuten euer Ergebnis schriftlich fest.

9 Haie

Diese Fische sind die erfolgreichsten Jäger der Erde. Sie sind sehr schnell und bestens für die Unterwasserjagd angepasst. Haie schwimmen so schnell wie Motorboote, nur unter Wasser! Blut können sie kilometerweit orten. Haie können den Herzschlag und die Bewegungen anderer Lebewesen im Wasser wahrnehmen. Unter ihrer Kopfhaut sitzen Lorenzinische Ampullen, die die elektrischen Signale, die jedes Lebewesen aussendet, wie Bewegungen oder den Herzschlag, aufnehmen. Faszinierend ist auch die Haut der Haie. Sie haben keine Schuppen, sondern eine dreischichtige Haut, wie wir Menschen. Auf der Außenschicht sitzen echte kleine Minizähnchen, die „Placoidschuppen". Sie machen die Haut so rau wie Sandpapier. Wassermoleküle legen sich zwischen die Zähnchen und so ist die Haihaut wie von einem dünnen Wasserfilm umhüllt. Deshalb kann er sich auch lautlos an die Beute anpirschen. Leider werden Haie stark bejagt. Ein Grund ist die Vorliebe der Menschen für Haifischflossensuppe. Jedes Jahr werden 35 Millionen Haie gefangen. Oft nur, um ihnen die Flossen abzuschneiden und sie dann wieder ins Meer zu werfen. Dort sterben die schlimm zugerichteten Tiere schwimmunfähig und blutend.

172 Wörter

1. Lernschritt

➔ *Lies die folgenden Sätze aufmerksam durch.*

➔ *Ist die Aussage inhaltlich richtig? Dann kreuze die Aussage an.*

(!) *<u>Achtung</u>: Du darfst jetzt nicht mehr im Text nachlesen!*

Knicke das Blatt entlang dieser Linie nach hinten.

Richtig 

		Richtig
1	Haie sind besonders langsam und bestens für die Unterwasserjagd geeignet.	
2	Blut können sie kilometerweit orten.	
3	Haie können den Herzschlag und die Bewegungen anderer Lebewesen im Wasser wahrnehmen.	
4	Haie haben Schuppen.	
5	Placoidschuppen sind kleine Minizähnchen die sich auf der Haut des Haies befinden.	
6	Ein Hai erzeugt jede Menge Lärm, wenn er sich an seine Beute heranpirscht.	
7	Haie werden stark bejagt.	
8	Der Grund für die starke Haijagd sind die besonders beliebten Haifischzähne.	
9	Jedes Jahr werden 35 Millionen Haie gefangen.	
10	Im Meer sterben die schlimm zugerichteten Tiere mit den abgeschnittenen Flossen schwimmunfähig und blutend.	

KOHL VERLAG Wir werden Leseprofi / Klasse 7 – Bestell-Nr. 16 767
Fit durch Lesetraining!

Haie

2. Lernschritt

➔ *Beantworte die Fragen zum Lesetext sinngemäß.*

➔ *Schreibe in vollständigen Sätzen.*

a) Woran sind die Haie bestens angepasst? ______________________________

____

b) Wie schnell sind Haie? ______________________________

____

c) Was können Haie kilometerweit orten? ______________________________

____

d) Was „können" die Lorenzinischen Ampullen, die direkt unter der Kopfhaut des Haies sitzen?

____

____

e) Wie ist die Haut von Haien beschaffen? ______________________________

____

____

f) Warum ist die Haihaut von einem dünnen Wasserfilm umgeben? ______________________________

____

g) Warum werden Haie so bejagt? ______________________________

____

Zusatzaufgabe

Nur weil Menschen gerne Haifischflossensuppe essen, werden jährlich etliche Millionen Haie gejagt. Was könnte man tun, um diesem Treiben ein Ende zu bereiten? Diskutiert.

Wir werden Leseprofi / Klasse 7
Fit durch Lesetraining! – Bestell-Nr. 16 767
KOHL VERLAG

10 Tee, Kaffee und Schokolade

Im Altertum teilten diese Getränke die Welt in drei Bereiche. In Asien trank man Tee, im Vorderen Orient Kaffee und in Mittelamerika bevorzugte man Schokolade. Um 50 v. Chr. ist der erste Teegebrauch in Südchina nachgewiesen. Er wurde zunächst als Heilmittel gesehen und wurde nach einem zu reichlich genossenen Essen gereicht. Allmählich wurde der Tee zu einem Genussmittel und verbreitete sich über die ganze Welt. Den besten Tee baute man damals in der Gegend um Shanghai an, wo bis zu 35000 Menschen mit dem Pflücken und Trocknen der Teeblätter beschäftigt waren. Die Schokolade stand bei den Maya so hoch in der Gunst ihrer Genießer, dass sich die Kakaobohne zu einer Art Währung entwickelte. Kakao wurde erstmals um 100 n. Chr. getrunken. Im Vergleich dazu setzte sich der Genuss von Kaffee erst relativ spät durch. Im 10. Jahrhundert n. Chr. wird er zuerst erwähnt. Die Anbaugebiete lagen in Äthiopien. Von Mekka aus verbreitete sich der Kaffee in der ganzen islamischen Welt. In Paris eröffnete 1643 das erste Café, in dem es dieses Genussmittel gab.

178 Wörter

1. Lernschritt

➔ *Lies die folgenden Sätze aufmerksam durch.*

➔ *Ist die Aussage inhaltlich richtig? Dann kreuze die Aussage an.*

 *Achtung: Du darfst jetzt nicht mehr im Text nachlesen!*

Knicke das Blatt entlang dieser Linie nach hinten.

Richtig 

		Richtig
1	Tee, Kaffee und Schokolade teilte die Welt im Altertum in vier Bereiche.	
2	In Mittelamerika bevorzugte man Tee.	
3	Kaffee wurde in Südchina angebaut.	
4	Hatten die Menschen zu reichlich gegessen, wurde früher oft eine Tasse Schokolade als Heilmittel gereicht.	
5	Rund um Shanghai waren damals bis zu 35000 Menschen mit dem Pflücken und Trocknen der Teeblätter beschäftigt.	
6	Die Schokolade stand bei den Mayas hoch in der Gunst.	
7	Weil die Schokolade so beliebt war, entwickelte sich die Kakaobohne zu einer Art Währung.	
8	Der Genuss von Kaffee wird im Vergleich zu den anderen beiden erst relativ spät erwähnt.	
9	Kaffee wurde in Äthiopien angebaut.	
10	In Paris eröffnete das erste Café.	

KOHL VERLAG Wir werden Leseprofi / Klasse 7 Fit durch Lesetraining! – Bestell-Nr. 16 767

10 Tee, Kaffee und Schokolade

2. Lernschritt

➔ *Beantworte die Fragen zum Lesetext sinngemäß.*

➔ *Schreibe in vollständigen Sätzen.*

a) Wo trank man Tee? ____________________

b) Wann wurde der erste Teegebrauch in Südchina nachgewiesen? ____________________

____

c) Weshalb genoss man Tee ursprünglich? ____________________

____

d) Wieso entwickelte sich die Kakaobohne zu einer Art Währung? ____________________

____

____

e) Wann wurde Kakao zum ersten Mal getrunken? ____________________

____

f) Wo lagen die Anbaugebiete von Kaffee? ____________________

____

g) Wo verbreitete sich Kaffee zuerst? ____________________

____

h) Wo eröffnete 1643 das erste Café? ____________________

____

Zusatzaufgabe

Erforscht, wie viel Tee, Kaffee und Schokolade jeder Bürger unseres Landes in einem Jahr trinkt. Recherchiert hierfür am besten im Internet. Welches dieser Getränke ist wohl am gesündesten?

Wir werden Leseprofi / Klasse 7
Fit durch Lesetraining! – Bestell-Nr. 16 767
KOHL VERLAG

11 Vulkane

Vulkanausbrüche können verheerende Naturkatastrophen sein. Meist kündigt sich ein Ausbruch vorher durch kleinere Erdstöße oder Rauchwolken über dem Gipfel an. Vulkane fallen meistens durch ihre kegelförmige Silhouette auf. Manche Vulkane sind ständig aktiv. So können Touristen zum Beispiel auf Hawaii Vulkane bewundern, die ständig Lava spucken, die sich zischend ins Meer ergießt. Dann wiederum gibt es „schlafende" Vulkane, einer der bekanntesten ist der Vesuv bei Neapel. Bei seinem letzten Ausbruch wurde die Hafenstadt Pompeji vollständig verschüttet. Jeder Vulkan verfügt über einen zentralen Schlot, durch den das Magma nach oben gedrückt wird. Magma ist sehr heißes, flüssiges Gestein, das ständig unter der harten Erdkruste in Bewegung ist. Betrachtet man unsere Erde im Querschnitt, fällt auf, dass die harte Erdkruste im Vergleich zum Erdinneren sehr dünn ist. Sie beträgt nämlich nur 60 bis 100 Kilometer. Sie ist in zahlreiche einzelne Erdplatten, auch Kontinentalplatten genannt, aufgeteilt. Diese sind ständig in Bewegung und reiben dabei aneinander. Dadurch kann Spannung entstehen, die sich durch Erdbeben oder Vulkanausbrüche wieder entlädt. Kommt es zu einem Vulkanausbruch, wird heiße Lava aus dem Schlot des Vulkans geschleudert.

179 Wörter

1. Lernschritt

➔ *Lies die folgenden Sätze aufmerksam durch.*

➔ *Ist die Aussage inhaltlich richtig? Dann kreuze die Aussage an.*

 *Achtung: Du darfst jetzt nicht mehr im Text nachlesen!*

Knicke das Blatt entlang dieser Linie nach hinten.

Richtig 

		Richtig
1	Vulkanausbrüche können verheerende Naturkatastrophen sein.	
2	Meist kündigt sich ein Ausbruch durch riesige Stichflammen an.	
3	Alle Vulkane sind ständig aktiv.	
4	Touristen können zum Beispiel auf Hawaii Vulkane bewundern, die ständig Rauchzeichen geben.	
5	Der bekannteste „schlafende" Vulkan ist der Vesuv bei Neapel.	
6	Bei seinem letzten Ausbruch wurde die Stadt Pompeji vollständig verschüttet.	
7	Im Querschnitt ist die Erdkruste im Vergleich zum Erdinneren besonders dick.	
8	Die Erdkruste ist in einzelne Erdplatten aufgeteilt.	
9	Diese Erdplatten bewegen sich nicht.	
10	Bei einem Vulkanausbruch werden aus dem Schlot nur kalte Gesteinsbrocken herausgeschleudert.	

Wir werden Leseprofi / Klasse 7 – Bestell-Nr. 16 767
Fit durch Lesetraining!
KOHL VERLAG

11 Vulkane

2. Lernschritt

➔ *Beantworte die Fragen zum Lesetext sinngemäß.*

➔ *Schreibe in vollständigen Sätzen.*

a) Womit kündigt sich meistens ein Vulkanausbruch an? ____________________

____

b) Was können Touristen auf Hawaii bewundern? ____________________

____

____

c) Wie heißt der bekannteste „schlafende" Vulkan und wo ist er? ____________________

____

d) Was passierte beim letzten großen Ausbruch des Vesuvs? ____________________

____

e) Was ist Magma? ____________________

____

f) Wie viele Kilometer beträgt die Stärke der Erdkruste? ____________________

____

g) Wodurch kann Spannung zwischen den Erdplatten entstehen? ____________________

____

h) Was passiert, wenn es zu einem Vulkanausbruch kommt? ____________________

____

Zusatzaufgabe

Erkläre mit deinen eigenen Worten, wie es zu einem Vulkanausbruch kommen kann.

Wir werden Leseprofi / Klasse 7
Fit durch Lesetraining! – Bestell-Nr. 16 767
KOHL VERLAG

12 Moderne Zivilisation

Als moderne Zivilisation wird die technisch fortgeschrittene, verfeinerte, äußere Form des Lebens verstanden. Diese Definition meint eigentlich unser Leben am PC, vor dem Fernseher und die Hilfe der vielen elektrischen Helfer im Haushalt und am Arbeitsplatz. Es sind viele Erleichterungen, die das Leben angenehm und bequem machen und die wohl niemand wieder rückgängig machen wollte. Nur führt die Bewegungsarmut, die oft eine Begleiterscheinung ist, zu vielen Zivilisationskrankheiten, die ein Problem für unsere Gesellschaft werden. Herz- und Kreislauferkrankungen wie Herzinfarkt und Schlaganfall erreichen immer jüngere Altersgruppen. Haltungsschäden sind die Folge, wenn Kinder sich zu wenig bewegen und auch kurze Strecken mit dem Auto zurückgelegt werden. Zu den Erkrankungen des Bewegungsapparates zählen auch Gicht und Rheuma, die oft ernährungsbedingt sind. Denn „zivilisierte" Menschen bewegen sich nicht nur zu wenig, sie essen auch das Falsche. Vor allem oft zu fett und zu süß. Da ist schon die nächste unterschätzte Erkrankung auf dem Plan: Karies. Mancher Zahnarzt blickt bei einem Fünfjährigen nur noch auf traurige schwarze Stümpfe im Kindermund. Abhilfe schafft da nur Bewegung an frischer Luft und eine ausgewogene Ernährung.

179 Wörter

1. Lernschritt

➔ *Lies die folgenden Sätze aufmerksam durch.*

➔ *Ist die Aussage inhaltlich richtig? Dann kreuze die Aussage an.*

(!) *<u>Achtung</u>: Du darfst jetzt nicht mehr im Text nachlesen!*

Knicke das Blatt entlang dieser Linie nach hinten.

Richtig 

1	Unter moderner Zivilisation versteht man das Erfinden des Speers.	
2	Man versteht unter moderner Zivilisation z.B. auch das Leben am PC.	
3	Viele Erleichterungen machen das Leben angenehm und bequem.	
4	Eine Begleiterscheinung der modernen Zivilisation ist zu viel Bewegung.	
5	Zivilisationskrankheiten sind z.B. Herz- und Kreislauferkrankungen.	
6	Man fährt heutzutage nur besonders lange Strecken mit dem Auto.	
7	Es gibt auch ernährungsbedingte Zivilisationskrankheiten.	
8	Es wird oft zu salzarm und zu sauer gegessen.	
9	Zahnärzte können kaum Probleme an den Zähnen der modernen Menschen erkennen.	
10	Abhilfe der so genannten Zivilisationskrankheiten schaffen Bewegung an der frischen Luft und eine ausgewogene Ernährung.	

KOHL VERLAG Wir werden Leseprofi / Klasse 7 Fit durch Lesetraining! – Bestell-Nr. 16 767

12 **Moderne Zivilisation**

2. Lernschritt

➔ *Beantworte die Fragen zum Lesetext sinngemäß.*

➔ *Schreibe in vollständigen Sätzen.*

a) Was versteht man unter moderner Zivilisation? ______________________

____

b) Was genau versteht man als Definition von moderner Zivilisation? ______________________

____

____

c) Welche Begleiterscheinung hat die Zivilisation? ______________________

____

____

d) Nenne zwei sogenannte Zivilisationskrankheiten! ______________________

____

e) Woher kommen die Haltungsschäden der Kinder? ______________________

____

____

f) Was ist das Falsche, das „zivilisierte" Menschen oft essen? ______________________

____

g) Was schafft Abhilfe, um den Zivilisationskrankheiten „vorzubeugen"? ______________________

____

Zusatzaufgabe

Welche gesundheitlichen Folgen kann die moderne Zivilisation haben? Zählt auf! Was kann man tun, um diese Folgen abzuwenden? Erstellt mögliche Hilfsprogramme.

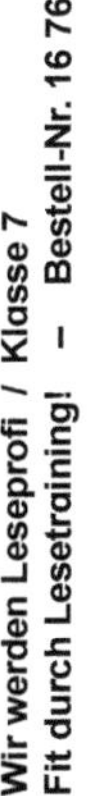
KOHL VERLAG Wir werden Leseprofi / Klasse 7 Fit durch Lesetraining! – Bestell-Nr. 16 767

13 Liebe

Liebe ist das schönste aller Gefühle. Es kann Herzklopfen und weiche Knie hervorrufen. Verliebte träumen in den Tag hinein, von ihm oder ihr. Verliebte können glücklich sein und im nächsten Moment zutiefst betrübt. Ist das Herz dafür verantwortlich, oder das Gehirn? Wo spielt sich die Liebe ab? Früher dachte man, nur das Herz sei dafür verantwortlich. Auf alten Gemälden wird Amor, ein kleiner dicker Engel, immer mit Pfeil und Bogen dargestellt, der auf das Herz zielt. Aber eigentlich sollte man seiner Angebeteten nicht sein Herz schenken, sondern das Gehirn! Das ist für die liebevollen Empfindungen, das Herzklopfen und Bauchweh verantwortlich. Es sendet Botenstoffe aus, die Nervenzellen aktivieren und diese entfachen im ganzen Körper die Liebe. Das Hormon Dopamin bewirkt, dass wir alles durch eine „rosarote Brille" sehen. Der oder die Angebetete wirkt viel netter, schöner und interessanter als ohne dieses „Verzauberhormon". Nach einem Jahr lässt dieser Rausch aber wieder nach und das Gehirn schüttet andere Liebeshormone aus, die unser Leben wieder in ruhigere Bahnen bringen. Auf Dauer kann ja niemand immer nur aufgeregt sein, wenig Schlaf finden und sich nicht auf die Schule konzentrieren können.

186 Wörter

1. Lernschritt

➔ *Lies die folgenden Sätze aufmerksam durch.*

➔ *Ist die Aussage inhaltlich richtig? Dann kreuze die Aussage an.*

(!) *<u>Achtung</u>: Du darfst jetzt nicht mehr im Text nachlesen!*

- -

Knicke das Blatt entlang dieser Linie nach hinten.

Richtig 

		Richtig
1	Liebe kann Herzklopfen und weiche Knie hervorrufen.	
2	Verliebte sind den ganzen Tag immer nur traurig.	
3	Früher dachte man, für das Verliebtsein wäre der Magen verantwortlich.	
4	Auf alten Gemälden wird Amor, ein kleiner dicker Engel, mit Pfeil und Bogen dargestellt, der auf das Herz zielt.	
5	Eigentlich sollten wir unseren Angebeteten das Gehirn und nicht das Herz schenken.	
6	Für die liebevollen Empfindungen ist der Bauch zuständig.	
7	Das Hormon Dopamin bewirkt, dass wir alles durch eine „rosarote Brille" sehen.	
8	Der oder die Angebetete wirkt deshalb viel netter, schöner und arroganter.	
9	Nach einem Jahr lässt dieser Rausch aber wieder nach.	
10	Wenn man jemanden liebt, beruhigt sich das Leben aber nicht, denn das Gehirn schüttet weiterhin dieses „Verzauberhormon" aus.	

Wir werden Leseprofi / Klasse 7
Fit durch Lesetraining! – Bestell-Nr. 16 767
KOHL VERLAG

13 # Liebe

2. Lernschritt

➔ *Beantworte die Fragen zum Lesetext sinngemäß.*

➔ *Schreibe in vollständigen Sätzen.*

a) Was kann das Verliebtsein hervorrufen? ______________________________

____

b) Wie können die Gefühlsschwankungen von Verliebten sein? ______________________________

____

c) Was, dachte man früher, sei für das Verliebtsein verantwortlich? ______________________________

____

d) Wer wurde früher auf Gemälden dargestellt, der für die Liebe verantwortlich sei?

____

____

e) Wieso sollte man dem oder der Angebeteten nicht das Herz, sondern das Gehirn schenken?

____

____

f) Wie wirkt der oder die Angebetete durch das Hormon Dopamin? ______________________________

____

____

g) Was passiert nach etwa einem Jahr heftiger Verliebtheit im Gehirn? ______________________________

____

____

Zusatzaufgabe

Beschreibe mit deinen eigenen Worten die Gefühle, die beim Verliebtsein entstehen können.

KOHL VERLAG Wir werden Leseprofi / Klasse 7 Fit durch Lesetraining! – Bestell-Nr. 16 767

14 Griechische Philosophen

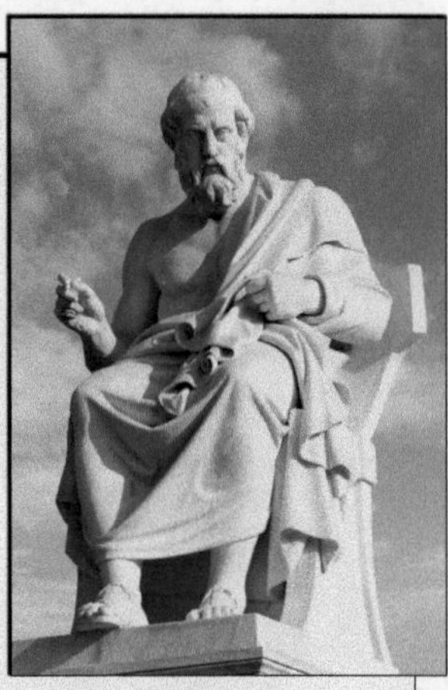
Sokrates

Sokrates, Plato und Aristoteles waren die großen drei Denker, die im antiken Griechenland lebten und lehrten. Sokrates war der Älteste und vertrat die Meinung, dass moralisches Verhalten der Menschen von innen heraus käme. Damit meinte er, dass jeder Mensch sich moralisch verhalten würde, wenn er wüsste, was Recht und Unrecht ist. Plato war der Schüler von Sokrates. Nachdem er viel gereist war, gründete er in Athen die Akademie, eine Philosophenschule. Platos Werke gehören heute noch, 2400 Jahre später, zu den meist gelesenen. Ein Schüler Platos war Aristoteles, der von 384 bis 322 v. Chr. lebte. Aristoteles studierte bis zu Platos Tod an der Akademie. Aristoteles, der auch Naturforscher war, gründete später ein bedeutendes Studierzentrum, das sich mit allen Wissenszweigen beschäftigte. Man bezeichnet die Griechen der Antike oft als Erfinder der Mathematik. Sie waren die ersten, die ihre Thesen in allgemeingültige Lehrsätze fassten und durch Beweise bestätigten. Große Erfolge erzielten die Griechen auch in der Geometrie. Der Satz des Pythagoras gilt seit Jahrtausenden und ist Lehrstoff an allen Schulen in unserer Welt.

173 Wörter

1. Lernschritt

➔ *Lies die folgenden Sätze aufmerksam durch.*

➔ *Ist die Aussage inhaltlich richtig? Dann kreuze die Aussage an.*

 *Achtung: Du darfst jetzt nicht mehr im Text nachlesen!*

Knicke das Blatt entlang dieser Linie nach hinten.

Richtig 

Nr.	Aussage	Richtig
1	Sokrates, Plato und Aristoteles waren die großen drei Denker, die im antiken China lebten und lehrten.	
2	Sokrates meinte, das moralische Verhalten der Menschen käme von innen heraus.	
3	Sokrates meinte, jeder Mensch würde sich moralisch verhalten, wenn er wüsste, was Recht und Unrecht ist.	
4	Plato war der Großvater von Sokrates.	
5	Plato gründete in Athen eine Philosophenschule.	
6	An dieser Schule studierte Aristoteles.	
7	Aristoteles war auch Astronaut.	
8	Man bezeichnet die Griechen als Erfinder der Sprachen.	
9	Sie fassten ihre Thesen in allgemeingültige Lehrsätze zusammen.	
10	Der Satz des Pythagoras ist nur an Universitäten Lehrstoff.	

Wir werden Leseprofi / Klasse 7 – Fit durch Lesetraining! – Bestell-Nr. 16 767
KOHL VERLAG

14 Griechische Philosophen

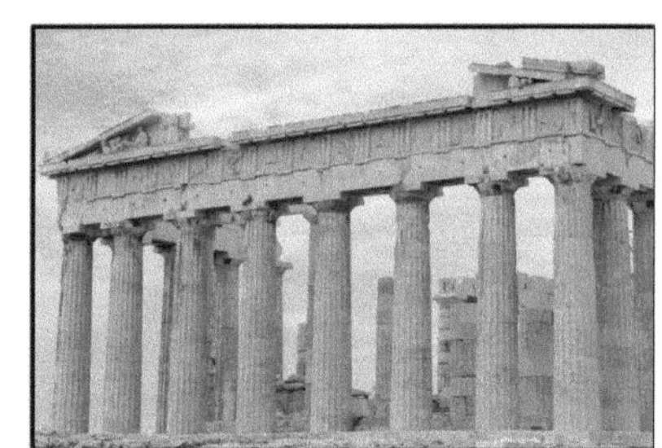

2. Lernschritt

➔ *Beantworte die Fragen zum Lesetext sinngemäß.*

➔ *Schreibe in vollständigen Sätzen.*

a) Welche drei großen Denker lebten im antiken Griechenland? ______________________

____

b) Welche Meinung hatte Sokrates über das moralische Verhalten der Menschen?

____

____

c) Wie stand Plato mit Sokrates in Verbindung? ______________________

____

d) Was tat Plato, nachdem er viel gereist war? ______________________

____

e) Wer war der Schüler von Plato? ______________________

____

f) Was war Aristoteles? ______________________

____

g) Als Erfinder von was bezeichnete man die Griechen oft? ______________________

____

h) Was hatten die Griechen mit der Geometrie zu tun? ______________________

____

Zusatzaufgabe

Erforscht, was die drei griechischen Philosophen Sokrates, Plato und Aristoteles uns noch wichtiges hinterlassen haben. Was lernen wir heute noch in der Schule von ihnen?

Wir werden Leseprofi / Klasse 7 – Bestell-Nr. 16 767
Fit durch Lesetraining!
KOHL VERLAG

15 Die Revolution

Wenn ihr im Lexikon nachschaut, was ihr unter ‚Revolution' findet, erfahrt ihr, dass dieses lateinische Wort so viel wie ‚Umwälzung' bedeutet. Für dieses Wort gibt es verschiedene Interpretationen*, wissenschaftliche und gesellschaftliche. In diesem Zusammenhang interessiert uns das Wort Revolution als politische Umwälzung und hier besonders die ‚Französische Revolution'. Der damalige König Ludwig XVI. und eine machtgierige Clique Adeliger und ebenso mächtiger Kirchenfürsten hatten für das gemeine Volk menschenverachtende Beschlüsse und Verordnungen erlassen. Deshalb waren die Bürger der Straße, die Handwerker, Bauern und einfachen Leute, am Rande des Existenzminimums. Es gab nicht mehr genug zum Essen. Alles, was man zum Leben benötigte, war so teuer, dass es kaum zu bezahlen war und das wenige Geld, was diese Menschen verdienten, wurde ihnen als Steuer wieder abgenommen. Im Jahre 1789 kam es dann zur berühmten Erstürmung der Bastille und zur Machtverteilung zu Gunsten des Bürgertums. Es dauerte aber noch viele Jahre, bis der Wunsch des gemeinen Volkes nach Gleichberechtigung und Anerkennung in Erfüllung ging. Der damalige Schlachtruf „liberté, égalité und fraternité", das heißt „Freiheit, Gleichheit und Brüderlichkeit", sollte endlich Wirklichkeit werden.

180 Wörter

**Interpretation = Erklärung, Deutung*

1. Lernschritt

➔ *Lies die folgenden Sätze aufmerksam durch.*

➔ *Ist die Aussage inhaltlich richtig? Dann kreuze die Aussage an.*

 *Achtung: Du darfst jetzt nicht mehr im Text nachlesen!*

Knicke das Blatt entlang dieser Linie nach hinten.

Richtig 

		Richtig
1	Revolution ist ein spanisches Wort und bedeutet ‚Umtausch'.	
2	Das Wort Revolution bedeutet auch politische Umwälzung.	
3	Die ‚Französische Revolution' fand in Russland statt.	
4	Es wurden damals menschenverachtende Beschlüsse und Verordnungen erlassen.	
5	Alle Bürger waren über diese Beschlüsse sehr glücklich.	
6	Es gab nicht mehr genug zum Essen.	
7	Die Bürger mussten das meiste von dem wenigen, das sie verdienten, wegen der hohen Steuern wieder abgeben.	
8	Alles war so billig, das es von jedem bezahlt werden konnte.	
9	Nach der Erstürmung der Bastille wurde die Macht zu Gunsten des Bürgertums neu verteilt.	
10	Der damalige Schlachtruf lautete ‚Freiheit, Gleichheit und Brüderlichkeit'.	

Wir werden Leseprofi / Klasse 7 – Bestell-Nr. 16 767
Fit durch Lesetraining!
KOHL VERLAG

15 Die Revolution

2. Lernschritt

➔ *Beantworte die Fragen zum Lesetext sinngemäß.*

➔ *Schreibe in vollständigen Sätzen.*

a) Was bedeutet Revolution, wenn man im Lexikon nachschaut? ______________________

____

b) Von welcher politischen Revolution ist im Text die Rede? ______________________

____

c) Was erließen der damalige König Ludwig XVI. und eine machtgierige Clique Adeliger und ebenso mächtiger Kirchenfürsten?

____

____

d) Wer lebte am Rande des Existenzminimums? ______________________

____

e) Wo ließen die Menschen das wenige Geld, das sie verdienten? ______________________

____

f) Was passierte nach der Erstürmung der Bastille? ______________________

____

g) Was dauerte nach der Erstürmung der Bastille noch viele Jahre? ______________________

____

h) Wie lautete der Schlachtruf der ‚Französischen Revolution'? ______________________

____

Zusatzaufgabe

Die „Französische Revolution" hat viel für die Bürger Frankreichs verändert. Wie der Slogan „Freiheit, Gleichheit und Brüderlichkeit" schon sagt, waren das die Ziele. Findet ihr, dass heute diese Ziele für alle erreicht sind? Diskutiert.

Wir werden Leseprofi / Klasse 7
Fit durch Lesetraining! – Bestell-Nr. 16 767
KOHL VERLAG

16 Airbus A380

Mit fast 80 Metern ist die Flügelspanne dieses Riesen-Jets breiter als ein Fußballfeld. Die Heckspitze ragt 24 Meter in die Höhe, und damit ist sie fast so hoch wie ein achtstöckiges Haus. Bis zu 850 Passagiere soll der A380 in zwei Etagen befördern. Die maximale Reichweite beträgt rund 17500 Kilometer. Aber bevor diese Maschine in den normalen Flugbetrieb übergeht, wird ihre Haltbarkeit getestet. Zwei Maschinen sind nur gebaut worden, um sie harten Tests zu unterziehen. Sie werden gebogen, gespannt und gerüttelt, bis die Flügel ächzen. Damit der Jet überhaupt abhebt, darf er nicht mehr als 560 Tonnen wiegen. Da heißt es, Kilos zu verlieren! Neue Materialien sind entwickelt worden. Diese sind leichter, aber sie haben trotzdem die nötige Stabilität. So wurde für die Flügel ein Kunststoff eingesetzt, der sechsmal fester ist als Stahl, aber nicht einmal die Hälfte wiegt. Um dieses Riesenprojekt zu ermöglichen, waren viele Einfälle schlauer Konstrukteure nötig. An der Entwicklung des Airbus A380 sind über 60 Firmen aus der ganzen Welt mit ihren Konstrukteuren beteiligt. Die Erstauslieferung geschah nun endlich 2007 an Singapur Airlines gehen. Die Indienststellung dieses Riesenjets wird im Jahr 2008 erfolgen. „Ready for take-off" kann erst dann gesagt werden, wenn alles funktioniert und auf eine harte Probe gestellt wurde.

209 Wörter

1. Lernschritt

➔ *Lies die folgenden Sätze aufmerksam durch.*

➔ *Ist die Aussage inhaltlich richtig? Dann kreuze die Aussage an.*

(!) *<u>Achtung</u>: Du darfst jetzt nicht mehr im Text nachlesen!*

Knicke das Blatt entlang dieser Linie nach hinten.

Richtig 

Nr.	Aussage	Richtig
1	Mit fast 80 Metern ist die Flügelspanne dieses Riesen-Jets breiter als ein Fußballfeld.	
2	Die Heckspitze ist sie fast so hoch, wie ein achtstöckiges Haus.	
3	Die Passagiere sollen auf zwei Etagen befördert werden.	
4	Bevor diese Maschine in den normalen Flugbetrieb übergeht, wird sie auf ihre Haltbarkeit getestet.	
5	Damit sie nicht zu schwer wird, werden extra leichte Materialien entwickelt.	
6	Viele schlaue Konstrukteure waren für dieses Riesenprojekt nötig.	
7	Die Erstauslieferung wird wohl 2007 an Singapur Airlines gehen.	
8	Es müssen aber nicht alle Tests für die Inbetriebnahme des Airbus A380 abgeschlossen sein.	
9	Der Airbus A380 wird das schnellste Frachtschiff werden, das je gebaut wurde.	
10	Die Herstellerfirma hat riesige Verluste mit diesem Flugzeug gemacht.	

Wir werden Leseprofi / Klasse 7 – Bestell-Nr. 16 767
Fit durch Lesetraining!
KOHL VERLAG

16 Airbus A380

2. Lernschritt

➔ *Beantworte die Fragen zum Lesetext sinngemäß.*

➔ *Schreibe in vollständigen Sätzen.*

a) Wie breit ist die Flügelspanne dieses Riesenjets? ______________________

____

b) Wie sollen die 850 Passagiere in der A380 untergebracht werden? ______________________

____

c) Was wird getestet, bevor dieses Flugzeug in den normalen Flugbetrieb übergeht?

____

____

d) Wie schwer darf der Jet höchstens sein, damit er überhaupt abhebt? ______________________

____

e) Wie schaffte man es, dass die Maschine nicht zu schwer wurde? ______________________

____

____

f) Wer war bisher alles an der Entwicklung des A380 beteiligt? ______________________

____

____

g) Wann erst kann für diesen Riesenjet „Ready for take-off" gesagt werden? ______________________

____

____

Zusatzaufgabe

Erforsche im Internet, z.B. unter www.wikipedia.de, den aktuellen Stand des Airbus A 380. Berichte, welche neuesten Entwicklungen es rund um den großen Flieger gibt.

Wir werden Leseprofi / Klasse 7
Fit durch Lesetraining! – Bestell-Nr. 16 767

17 UNICEF

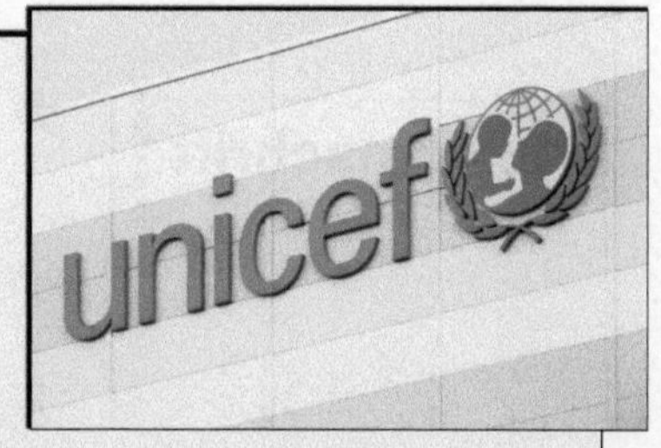

Das Kinderhilfswerk der Vereinten Nationen ist das größte seiner Art. Es arbeitet in 162 Ländern dieser Erde. UNICEF-Helfer sind immer da zur Stelle, wo Jungen und Mädchen hungern, flüchten müssen oder grober Gewalt ausgesetzt sind. Im Iran betreut UNICEF eine Schule, in der benachteiligte Kinder lesen und schreiben lernen sollen. In vielen Ländern der Erde sind die Mädchen fast rechtlos. Sie bekommen keine Bildung und müssen früh heiraten. Die Schule in Youssef-Reza ist nur für Mädchen, die hier Gelegenheit haben, miteinander über ihre Ziele und Wünsche zu sprechen. Sie wägen ihre Chancen ab und lernen natürlich auch lesen, schreiben und rechnen. Die Flüchtlingsmädchen aus Afghanistan können hier ihren Schulabschluss machen. Am Anfang waren die Eltern das Problem, die gar nicht verstanden haben, weshalb ihre Töchter zur Schule gehen sollten. Sie behielten sie zu Hause, bis die Mitarbeiter des Schulprojektes von UNICEF sie aufsuchten und darauf bestanden, auch die Mädchen zu beschulen. Das Kinderhilfswerk stellt die Räume und Materialien für den Unterricht. Im Fach „Lebenskunde" erfahren sie, dass Frauen Rechte haben, um die es in vielen afghanischen Familien schlecht bestellt ist. Die Mädchen lernen, Mut zu fassen und sich gegen ungerechte Behandlung zu wehren. Es ist noch ein langer und steiniger Weg, bis sie die gleichen Rechte wie ihre Brüder haben.

211 Wörter

1. Lernschritt

➔ *Lies die folgenden Sätze aufmerksam durch.*

➔ *Ist die Aussage inhaltlich richtig? Dann kreuze die Aussage an.*

(!) *<u>Achtung</u>: Du darfst jetzt nicht mehr im Text nachlesen!*

Knicke das Blatt entlang dieser Linie nach hinten.

		Richtig X
1	Das Kinderhilfswerk der Vereinten Nationen ist das größte seiner Art.	
2	UNICEF-Helfer sind da, wo es Kindern besonders schlecht geht.	
3	UNICEF kümmert sich auch um Mädchen, die in vielen Ländern der Erde fast rechtlos sind.	
4	Viele dieser Mädchen dürfen nie heiraten und erhalten zu viel Bildung.	
5	Die Flüchtlingsmädchen aus Afghanistan lernen in der Schule in Youssef-Reza nähen und kochen.	
6	Hier können sie auch ihren Schulabschluss machen.	
7	Am Anfang waren die Eltern der Mädchen problematisch, da sie nicht einsehen konnten, weshalb ihre Töchter zur Schule gehen sollten.	
8	Das Kinderhilfswerk stellt die Räume und die Materialien für den Unterricht der Mädchen.	
9	Im Fach „Lebenskunde" erfahren die Mädchen, dass die Jungen noch mehr Rechte brauchen.	
10	Es wird nur noch ganz kurz dauern und nicht kompliziert sein, bis die Mädchen die gleichen Rechte haben wie ihre Brüder.	

KOHL VERLAG
Wir werden Leseprofi / Klasse 7 – Bestell-Nr. 16 767
Fit durch Lesetraining!

17 UNICEF

2. Lernschritt

➔ *Beantworte die Fragen zum Lesetext sinngemäß.*

➔ *Schreibe in vollständigen Sätzen.*

a) Wo sind UNICEF-Helfer zur Stelle? ____________________

____

____

b) Was ist mit der Gleichberechtigung der Mädchen in vielen Ländern der Erde?

____

____

c) Was lernen die Mädchen an der Schule in Youssef-Reza? ____________________

____

d) Wieso waren am Anfang die Eltern der Mädchen ein Problem? ____________________

____

____

e) Was stellt das Kinderhilfswerk für den Unterricht? ____________________

____

f) Was erfahren die Mädchen im Fach „Lebenskunde“? ____________________

____

____

g) Was wird noch ein langer und steiniger Weg sein? ____________________

____

Zusatzaufgabe

Ist die Arbeit des UNICEF-Kinderhilfswerk wichtig und sinnvoll? Findet verschiedene Argumente und diskutiert.

KOHL VERLAG Wir werden Leseprofi / Klasse 7 Fit durch Lesetraining! – Bestell-Nr. 16 767

18 Ein Wal fürs Museum

Ein Pottwal, der an der Nordseeküste strandete und verendete, wird von Forschern in ein Museum nach Göttingen transportiert. Eine Riesenaufgabe! Aber was sind Pottwale überhaupt? Pottwale sind riesige Meeressäuger. Sie müssen alle 20 bis 80 Minuten an die Wasseroberfläche kommen, um zu atmen. Auf ihrer Jagd nach Tintenfischen tauchen sie bis zu 1000 Meter tief. Wird das Wasser zu flach, in dem sie sich aufhalten, kann sie ihr eigenes Gewicht erdrücken. Mit 40 Tonnen ist ein Pottwal so schwer wie ein Eisenbahnwaggon. Der an der Nordseeküste gestrandete Wal wird vor Ort zerlegt und abtransportiert. Messer, Sägen und auch Bagger sind dafür nötig. Bald fängt der Kadaver an zu stinken. Deshalb werden die fettigen Knochen in einer Kläranlage gelagert. Im Garten des Museums werden die Knochen in einer eigens konstruierten* Wanne gereinigt. 157 Knochen und 48 Zähne müssen gesäubert werden. Damit verbringen die Forscher die ersten 18 Monate des Projektes. Sie verbrauchen 700 kg Waschpulver und 150 Liter Spülmittel. Als alles gereinigt ist, soll es in den 2. Stock des Museums geschafft werden. Aber der 1,2 Tonnen schwere Kopf passt nicht durch das Treppenhaus. Also wird kurzerhand ein Loch in die Wand gebrochen und der Schädel mit einem Baukran hindurchgereicht. Nun beginnt ein monatelanges gigantisches Puzzle. Bis alle Knochen an ihrem Platz sind, vergehen drei Jahre.

218 Wörter

**konstruiert = dafür entworfen und hergestellt*

1. Lernschritt

➔ *Lies die folgenden Sätze aufmerksam durch.*

➔ *Ist die Aussage inhaltlich richtig? Dann kreuze die Aussage an.*

(!) *Achtung: Du darfst jetzt nicht mehr im Text nachlesen!*

Knicke das Blatt entlang dieser Linie nach hinten.

		Richtig X
1	Der an der Nordseeküste verendete Pottwal wurde in eine große Fischfabrik nach Frankreich gebracht.	
2	Pottwale sind riesige Meeressäuger.	
3	Auf der Jagd nach Haifischen tauchen sie bis zu 100 Metern tief.	
4	Der Pottwal ist so schwer wie ein Eisenbahnwaggon.	
5	Die fettigen Knochen werden in einer Kläranlage gelagert.	
6	18 Monate werden damit verbracht, die Knochen und Zähne des Pottwals im Garten des Museums zu reinigen.	
7	Das komplette Skelett des Pottwals wird durch den Aufzug des Museums in den 2. Stock transportiert.	
8	Es muss ein Loch in die Wand gebrochen werden, da der Kopf des Pottwals nicht durch das Treppenhaus passt.	
9	Dazu benutzt man eine Hebebühne.	
10	Innerhalb von 2 Tagen sind alle Knochenteile wieder zusammengesetzt.	

KOHL VERLAG
Wir werden Leseprofi / Klasse 7 – Bestell-Nr. 16 767
Fit durch Lesetraining!

18 Ein Wal fürs Museum

2. Lernschritt

➔ *Beantworte die Fragen zum Lesetext sinngemäß.*

➔ *Schreibe in vollständigen Sätzen.*

a) Was sind Pottwale? ____________________

b) Wie tief tauchen Pottwale, wenn sie auf der Jagd nach Tintenfischen sind?

____

c) Was passiert, wenn das Wasser, in dem sie sich aufhalten, zu flach wird? ____________________

____

____

d) Was benötigt man, um den Pottwal zu zerlegen? ____________________

____

e) Womit säubern die Forscher die Knochen des zerlegten Pottwals? ____________________

____

f) Welche Probleme entstehe,n als man den Kopf des Pottwals in den 2. Stock transportieren möchte?

____

____

g) Womit wird der Kopf nun tatsächlich in den 2. Stock befördert? ____________________

____

h) Wie lange dauert es, bis alle Knochen in einem gigantischen Puzzlespiel wieder zusammengesetzt sind?

____

____

Zusatzaufgabe *Forscht im Internet nach und sammelt Informationen über den Pottwal.*

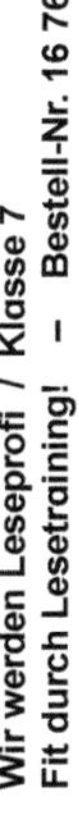

Wir werden Leseprofi / Klasse 7
Fit durch Lesetraining! – Bestell-Nr. 16 767

19 Sporttag

Diesmal sollte es in der Sophie-Scholl-Schule ein besonderes Sportfest geben. Keine Einzelkämpfe waren angesagt, sondern eine Klassenwertung sollte gemacht werden. Es ging nicht nur um Schnelligkeit und Weite, wie sonst, sondern auch um Geschicklichkeit, Ausdauer und Wissen. Wie sollte das funktionieren? Alle waren neugierig auf den Versuch des neuen Sportlehrers. Der Wettkampf begann mit einem Dreibeinlauf. „Was für ein Kinderfest", höhnten die Jungen. Aber die Übung hatte es in sich, denn es wurden drei Personen an zwei Stellen, also vier Beinen, verbunden. Lisa schnappte sich Maria und Betyl, sie hakten sich unter und los ging es. Mit dem Kommando „links, rechts" und ihrer ganzen Aufmerksamkeit konnten sie den Parcours in einer sehr guten Zeit überwinden. Auch wenn die Zuschauer johlten. Für die weiteren Aufgaben wählte die Klasse die Spieler aus. Jeder sollte mit seinen Qualitäten zum Sieg der Klasse beitragen. Alle sollten drankommen. An der nächsten Station waren Schauspieler gefragt: Begriffe, die pantomimisch dargestellt wurden, sollten geraten werden. Jan machte „Fein essen gehen" vor und zerschnippelte dafür etwas mit abgespreiztem Finger in der Luft. Pascal riet: „Sushi essen." Was dann auch von der Jury akzeptiert wurde. Am Schluss des Festes regnete es wie aus Eimern, was die Kletterwand äußerst glitschig machte. Aber die besten Kletterer, Melanie und Pascal, gingen ins Rennen. Die Auszählung der vierzehn Stationen war spannend, aber die 7a war sich ihres Sieges sicher.

227 Wörter

1. Lernschritt

➔ *Lies die folgenden Sätze aufmerksam durch.*
➔ *Ist die Aussage inhaltlich richtig? Dann kreuze die Aussage an.*

(!) *Achtung: Du darfst jetzt nicht mehr im Text nachlesen!*

Knicke das Blatt entlang dieser Linie nach hinten.

Richtig 

1	An der Sophie-Scholl-Schule sollte es ein besonderes Sportfest geben.	
2	Es sollten nur Einzelwertungen gemacht werden.	
3	Dabei ging es nur um Schnelligkeit, Sportlichkeit und Geschicklichkeit.	
4	Das Fest war eine Idee des alten Musiklehrers.	
5	Beim ‚Dreibeinlauf' höhnen die Jungen über dieses Kinderfest.	
6	Die Zuschauer weinten vor Lachen bei Laras, Melinas und Bettys ‚Dreibeinlauf'.	
7	An der nächsten Station waren Akrobaten gefragt.	
8	ascal erriet ‚Sushi essen'.	
9	Der Schluss des Festes war in strahlenden Sonnenschein getaucht.	
10	Die Auszählung der vierzehn Stationen machte den Sieg der 8b klar.	

KOHL VERLAG Wir werden Leseprofi / Klasse 7 – Bestell-Nr. 16 767
Fit durch Lesetraining!

19 Sporttag

2. Lernschritt

➔ *Beantworte die Fragen zum Lesetext sinngemäß.*

➔ *Schreibe in vollständigen Sätzen.*

a) Wie sollte dieses Mal das Sportfest an der Sophie-Scholl-Schule gestaltet werden?

____

____

____

b) Wessen Versuch war das neue Sportfest? ______________________

____

c) Was höhnten die Jungen über den ‚Dreibeinlauf'? ______________________

____

d) Wieso wurden die Spieler von der Klasse ausgewählt? ______________________

____

e) Was machte Jan an der Schauspieler-Station vor? ______________________

____

____

f) Wieso war die Kletterwand glitschig? ______________________

____

g) Wie war die Auszählung der vierzehn Stationen? ______________________

____

Zusatzaufgabe

Wie würdet ihr ein Sportfest organisieren und welche Stationen würdet ihr anbieten? Tauscht euch untereinander aus und sammelt eure Ideen.

KOHL VERLAG Wir werden Leseprofi / Klasse 7 Fit durch Lesetraining! – Bestell-Nr. 16 767

20 Die Nachprüfung

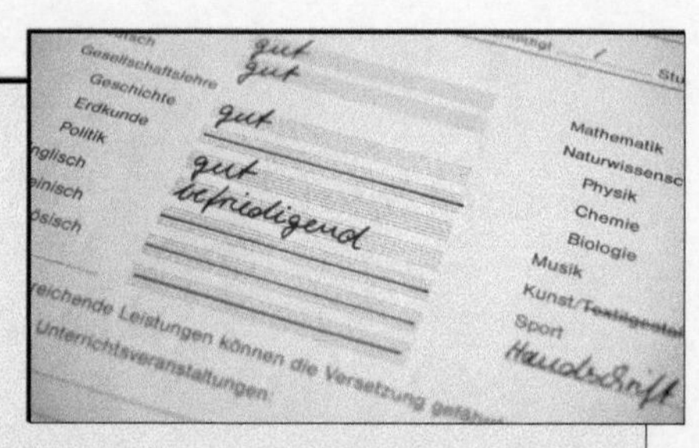

Der erste Donnerstag im Juli wurde mein Schicksalstag. Heute erhielten wir unsere Zeugnisse, ich hatte ein mulmiges Gefühl. Deutsch, mein Lieblingsfach, würde mich gehörig reinreißen. Ich wusste es! Ich hatte einfach zu wenig getan. Mit Freunden quatschen, rumhängen und Musik hören waren Ablenkungen, die mir besser gefielen als Gedichte zu lernen und mich mit der Grammatik herumzuärgern. Schließlich kam es, wie es kommen musste. In den Händen hielt ich mein Zeugnis. Was war es wohl in Englisch? Ausreichend, diese vier reichte gerade noch. Die fünf in Mathe war eine Katastrophe! Dann aber fiel mein Blick auf die Note in Deutsch: Auch eine fünf. Ich zitterte vor Schreck, wie sollte ich das meinen Eltern erklären? Nach der letzten Stunde raffte ich allen Mut zusammen und ging zu Frau Steckenbaum, unserer Deutschlehrerin. Ich brauchte nichts zu sagen, sie wusste Bescheid. „Ja, mein Kind, ich habe dich gewarnt, angefleht, mehr zu arbeiten, aber du wolltest nicht. Jetzt hast du die Quittung." Als sie meine Niedergeschlagenheit und meine Tränen sah, sagte sie etwas, was ich zuerst gar nicht richtig verstand. „Melde dich zu einer Nachprüfung in Deutsch. Ich bin in den ersten drei Wochen noch hier, ich gebe dir und Uschi zweimal in der Woche Nachhilfe, kostenlos! Den Rest müsst ihr selbst dazu tun." Am letzten Tag der Ferien hatten wir am Nachmittag unsere ‚große Stunde'. Thema war ein Essay über Thomas Mann und die Buddenbrooks. Ich war gewappnet, ich konnte schreiben und schreiben. Ich hatte es geschafft. Meine fünf wurde eine vier und ich war durch. Das würde mir nicht noch einmal passieren. Ab jetzt war lernen angesagt!

267 Wörter

1. Lernschritt

➔ *Lies die folgenden Sätze aufmerksam durch.*

➔ *Ist die Aussage inhaltlich richtig? Dann kreuze die Aussage an.*

(!) *<u>Achtung</u>: Du darfst jetzt nicht mehr im Text nachlesen!*

- -

Knicke das Blatt entlang dieser Linie nach hinten.

Richtig 

1	Ich hatte ein mulmiges Gefühl, da es Zeugnisse geben sollte.	
2	Während des Schuljahres fand ich es besser, mich mit der Grammatik und Gedichten herumzuschlagen.	
3	Die drei in Englisch war eine richtige Überraschung.	
4	In Deutsch hatte ich auch eine fünf.	
5	Nach der letzten Stunde raffte ich allen Mut zusammen und ging zu unserer Deutschlehrerin.	
6	Sie erklärte mir, dass ich bei ihr nie wieder eine Chance bekäme.	
7	Sie bot Uschi und mir kostenlos zweimal pro Woche Nachhilfe an.	
8	Am letzten Ferientag hatten wir am Nachmittag unsere ‚große Stunde'.	
9	Thema war ein Diktat über das Mittelalter.	
10	Ab jetzt konnte ich mich wieder entspannt zurücklehnen und brauchte nicht mehr zu lernen bis zum nächsten Zeugnis.	

KOHL VERLAG
Wir werden Leseprofi / Klasse 7 – Bestell-Nr. 16 767
Fit durch Lesetraining!

20 Die Nachprüfung

2. Lernschritt

➔ *Beantworte die Fragen zum Lesetext sinngemäß.*

➔ *Schreibe in vollständigen Sätzen.*

a) Wieso wurde der erste Donnerstag im Juli mein Schicksalstag? ____________________

____

b) Warum würde mich Deutsch gewaltig reinreißen? ____________________

____

c) Was hatte ich statt zu arbeiten während des Schuljahres getan? ____________________

____

____

d) Was war eine Katastrophe? ____________________

e) Wieso zitterte ich vor Schreck? ____________________

____

f) Welches Angebot machte mir meine Deutschlehrerin? ____________________

____

____

g) Was war Thema in unserer Nachprüfung? ____________________

____

h) Was war ab jetzt angesagt? ____________________

____

Zusatzaufgabe

Jeder von uns kennt es, man hat einfach keine Lust sich an den Tisch zu setzen und zu lernen. Und plötzlich ist die Mathearbeit da, ohne dass man dafür gelernt hätte. Welche Strategien habt ihr, um die Zeit nicht zu verpassen und euch in aller Ruhe auf die Arbeiten vorzubereiten?

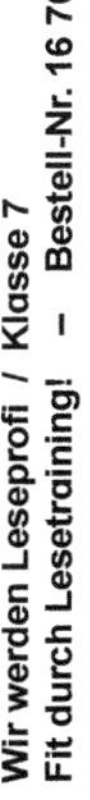

21 Mit dem Fahrrad im Gewitter

Ich hatte meine Schulaufgaben gemacht, den Müll zum Mülleimer gebracht und war mit Bello Gassi gegangen. Jetzt wollte ich noch eine Stunde Rad fahren. Dabei kann ich immer über alles nachdenken, was mich so bewegt. Eltern, Geschwister, Schule, Freunde – alles geht dann durch meinen Kopf. Das Wetter war herrlich, die Sonne brannte heiß. Auf dem Waldweg stand die Hitze, ich zog mein T-Shirt aus und strampelte in Richtung des nächsten Dorfes. Dort wollte ich mir eine Flasche Wasser kaufen. Aber dazu kam es nicht. Plötzlich verwandelte sich der Himmel in eine dunkle, fast schwarze Decke, ein Gewitter zog auf. Ich hörte das Dröhnen des Donners näher und näher kommen. Dann passierte es! Blitz, Donner und krachender Regen, ein richtiges Unwetter ging über mir nieder. Und ich befand mich mitten in einem Wald! Mir fiel der weise Spruch meiner Oma ein: „Eichen weichen, Buchen suchen", aber ich war in einem Tannenwald, keine Laubbäume. Ich verkroch mich ganz nahe an einen Baumstamm und wurde plötzlich von einem lauten Schrei aufgeschreckt. Eine Radfahrerin war, wie ich, von dem Gewitter überrascht worden. Sie floh vor dem Regen in meine Richtung. Als sie mich erblickte, ließ sie ihr Rad fallen und spurtete zu mir hin. „Ich habe mich aber erschreckt. Bin ich froh, dass ich dich treffe", stotterte sie. Es war Sabine, ein Mädchen aus der Parallelklasse. Das hübscheste Mädchen, das ich kannte. Ich aktivierte allen Mut, legte ihr mein T-Shirt um die Schulter und nahm sie ganz vorsichtig in den Arm. Nach zwanzig Minuten war der Spuk vorbei, wir radelten ein Stück zusammen und mussten uns dann trennen. Irgendwie wurden wir Freunde, aber es blieb immer eine leichte Spannung zwischen uns. Heute frage ich mich, ob ich mich wohl in Sabine verliebt hatte.

294 Wörter

1. Lernschritt

➔ *Lies die folgenden Sätze aufmerksam durch.*

➔ *Ist die Aussage inhaltlich richtig? Dann kreuze die Aussage an.*

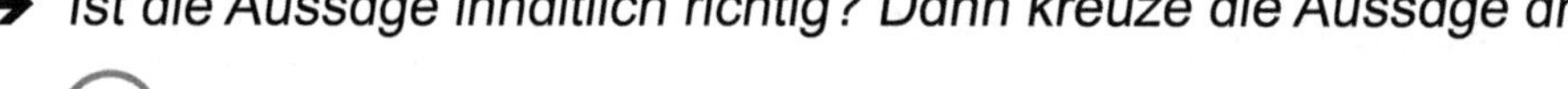

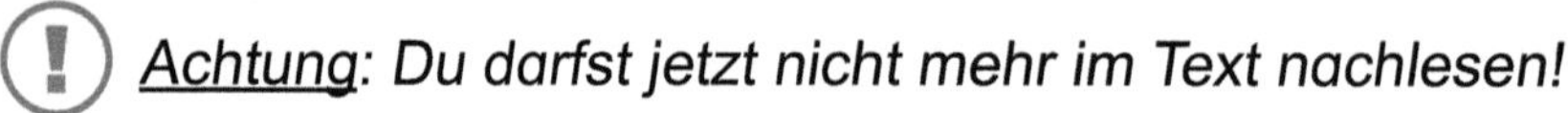

(!) *<u>Achtung</u>: Du darfst jetzt nicht mehr im Text nachlesen!*

Knicke das Blatt entlang dieser Linie nach hinten.

Richtig 

		Richtig
1	Nach dem Gassi gehen mit Bello wollte ich schwimmen gehen.	
2	Während des Radfahrens kann ich immer sehr gut nachdenken.	
3	Es war so heiß, dass ich nur in der Badehose auf meinem Rad fuhr.	
4	Im nächsten Dorf wollte ich mir eine Pizza kaufen.	
5	Der Himmel verwandelte sich und es erschien ein riesiger Regenbogen.	
6	Ein Spruch meiner Oma fiel mir ein: „Eichen weichen, Buchen suchen."	
7	Sabine aus der Parallelklasse suchte unter dem gleichen Baum Schutz wie ich auch.	
8	Sie war ein langweiliges und vorlautes Mädchen.	
9	Ich legte meinen Arm um Sabine.	
10	Nach diesem Gewitter wurden wir irgendwie Freunde.	

Wir werden Leseprofi / Klasse 7 – Bestell-Nr. 16 767
Fit durch Lesetraining!
KOHL VERLAG

21 Mit dem Fahrrad im Gewitter

2. Lernschritt

➔ *Beantworte die Fragen zum Lesetext sinngemäß.*

➔ *Schreibe in vollständigen Sätzen.*

a) Was wollte ich tun, nachdem ich mit Bello Gassi gegangen war? ____________________

____

b) Was mache ich gewöhnlich beim Rad fahren? ____________________

____

c) Was passierte plötzlich, nachdem der Himmel sich verdunkelte? ____________________

____

d) Welcher Spruch meiner Oma fiel mir ein und wieso konnte ich den Spruch nicht berücksichtigen?

____

____

e) Wer floh vor dem Regen in meine Richtung? ____________________

____

f) Was tat ich, nachdem ich all meinen Mut aktiviert hatte? ____________________

____

g) Was taten wir gemeinsam, nachdem alles vorbei war? ____________________

____

h) Was wurde aus uns nach dem Zusammentreffen während des Gewitters? ____________________

____

____

Zusatzaufgabe

Erfindet selbst eine Geschichte mit dem Thema Gewitter. Beschreibt dabei mit aussagekräftigen Adjektiven und Verben, wie sich das Gewitter austobt.

KOHL VERLAG
Wir werden Leseprofi / Klasse 7 – Bestell-Nr. 16 767
Fit durch Lesetraining!

22 Diamanten

„Diamonds are a girl´s best friend“, das sang Marilyn Monroe. Sie altern nicht, kommen nicht aus der Mode und verlieren nicht ihren Wert. Die glitzernden Steine sind sehr selten und daher wertvoll. Ihre Herkunft ist auch außergewöhnlich. Im Innern der Erde werden sie geboren. Bei einer Hitze von 1500 °C werden Kohlenstoffpartikel unter hohem Druck zu einem der härtesten Kristalle zusammengepresst. In erloschenen Vulkanen kommen sie an die Oberfläche. Wenn Spuren anderer Elemente wie Stickstoff mit „eingebacken“ werden, bekommt der Kristall einen orangefarbenen Schimmer. Es gibt also nicht nur farblos-weißliche Diamanten, sondern auch gelbe, grüne, orange oder tiefblaue. In ihrer ursprünglichen Form sind Diamanten meist trüb. Die Rohlinge erhalten ihren Glanz erst nach einem aufwändigen Schliff, der nur von Fachleuten durch geführt werden kann. Denn wie soll man das härteste Material der Welt bearbeiten? Diamantschleifer benutzen Licht oder Diamanten selbst als Werkzeug. Mit Laserstrahlen können die Rohlinge in Form geschnitten werden, bevor sie an einer Drehscheibe, die mit Diamantenpulver beschichtet ist, geschliffen werden. Der Brillantschliff spiegelt besonders viel Licht und lässt den Stein glitzern. Aber nur ein Drittel der geförderten Steine ist groß genug, um zu Schmuckstücken verarbeitet zu werden. Der Rest landet zum Beispiel als Industriediamant auf Bohrmeißeln. Auch die raue Schmirgelschicht auf Zahnarztbohrern ist aus Diamantstaub. Denn der Zahnschmelz, den sie bohren sollen, ist sehr hart.

217 Wörter

1. Lernschritt

➔ *Lies die folgenden Sätze aufmerksam durch.*

➔ *Ist die Aussage inhaltlich richtig? Dann kreuze die Aussage an.*

(!) *<u>Achtung</u>: Du darfst jetzt nicht mehr im Text nachlesen!*

Knicke das Blatt entlang dieser Linie nach hinten.

Richtig 

		Richtig
1	Diamanten sind so beliebt, weil sie ihren Wert nicht verlieren.	
2	Ihre Herkunft ist außergewöhnlich.	
3	Sie werden durch kleine Tiere hergestellt.	
4	Spuren von anderen Elementen ergeben auch andere Farben bei einem Diamanten.	
5	Diamanten werden immer mit diesem unbeschreiblichen Glanz gefunden.	
6	Diamantschleifer benutzen z.B. Laserstrahlen, um den Brillantschliff zu erzeugen.	
7	Viele Steine sind zu klein, um sie zu Schmuckstücken zu verarbeiten.	
8	Aus diesen kleinen Steinen werden z.B. Bohrmeißeln hergestellt.	
9	Zahnschmelz ist so hart, dass auch die Zahnarztbohrer mit Diamantenstaub besetzt werden.	
10	Diamanten werden auch zum Backen verwendet.	

Wir werden Leseprofi / Klasse 7 – Bestell-Nr. 16 767
Fit durch Lesetraining!
KOHL VERLAG

22 Diamanten

2. Lernschritt

➔ *Beantworte die Fragen zum Lesetext sinngemäß.*

➔ *Schreibe in vollständigen Sätzen.*

a) Wieso sind Diamanten so beliebt? ______________________________

____

b) Wie entstehen Diamanten? ______________________________

____

____

c) Gibt es nur die farblos-weißlichen Diamanten? ______________________________

____

d) Wie erhalten Diamanten ihren Glanz? ______________________________

____

e) Womit bearbeiten Diamantschleifer einen Diamanten? ______________________________

____

f) Wieso glitzert der Stein nach dem Brillantschliff? ______________________________

____

g) Nenne ein Beispiel, was mit den Diamanten passiert, die nicht groß genug sind, um zu Schmuckstücken verarbeitet zu werden!

____

____

h) Warum landet Diamantenstaub auf Zahnarztbohrern? ______________________________

____

Zusatzaufgabe

Seht in den Wirtschaftskarten im Atlas nach, in welchen Staaten der Erde Diamanten gefördert werden! Schreibt diese Staaten heraus.

23 Der Fremde in unserer Familie

Meine Eltern merkten es zuerst. Meine große Schwester hatte sich verändert. Ich fand sie seit einiger Zeit zickig, aber meine Eltern vermuteten, dass es einen bestimmten Grund gab. Julia schottete sich ab. Wenn man sie fragte, antwortete sie schnippisch: „Kümmert euch nicht um mich, ich habe nichts!“ Eines Tages jedoch, meine Mutter hatte ein Gespräch von „Frau zu Frau“ geführt, wussten es alle! Mein Vater, meine kleine Schwester Jessica (12) und ich (14), mein Name ist Jens, wir staunten nicht schlecht. Meine siebzehnjährige Schwester Julia hatte sich zum ersten Mal verliebt. Verliebt in einen Neuen in ihrer Klasse. Er war ein Jahr älter und sah, wie Julia versicherte, irre cool aus und überhaupt und so. Meine Mutter beharrte darauf, dass Julia ihn am Sonntag zum Nachmittagskaffee einladen sollte, damit meine Eltern ihn dann kennenlernen könnten. Der Sonntag kam, um Punkt 3 Uhr klingelte es und wir rannten alle zur Tür, was Julia natürlich sehr peinlich war. Jessica riss die Tür auf. Sie schaute fassungslos auf Tom, so hieß er. Tom sah wirklich umwerfend gut aus, aber er war ein Punker mit einer sehr ausgefallenen Frisur! Und so wie Jessica waren wir alle erst einmal sprachlos. Ein „Punker!“, mein Vater konnte es nicht fassen. Seine Vorstellungen eines Schwiegersohnes gerieten mächtig ins Wanken, nie hatte er an einen so ausgefallenen Freund seiner Tochter gedacht. Meine Mutter überspielte die seltsame Situation, dankte für die Blumen, die Tom mitgebracht hatte, und bat alle an den gedeckten Tisch und bei Kaffee und Kuchen fanden wir Tom immer sympathischer und angenehmer. Auch mein Vater war nach einigen Wochen von Tom begeistert. Bald konnten wir unsere dumme und seltsame Reaktion, als wir Tom das erste Mal sahen, nicht mehr verstehen.

287 Wörter

1. Lernschritt

➔ *Lies die folgenden Sätze aufmerksam durch.*

➔ *Ist die Aussage inhaltlich richtig? Dann kreuze die Aussage an.*

(!) *<u>Achtung</u>: Du darfst jetzt nicht mehr im Text nachlesen!*

Knicke das Blatt entlang dieser Linie nach hinten.

Richtig 

1	Meine kleine Schwester merkte zuerst, dass mit unserer großen Schwester Julia etwas nicht stimmte.	
2	Julia schottete sich ab.	
3	Mein Vater führte ein Gespräch mit Julia von „Vater zu Tochter“.	
4	Julia hatte sich in einen neuen Klassenkameraden verliebt.	
5	Julia sollte ihn zum Abendessen am Samstag einladen.	
6	Julia war es peinlich, dass alle zur Tür rannten, als es klingelte.	
7	Tom war Chinese und sah fantastisch aus.	
8	Vater war außer sich vor Freude, als er Tom sah.	
9	Bei Kaffee und Kuchen fanden wir Tom immer schrecklicher und unangenehmer.	
10	Wir konnten bald unsere dumme und seltsame Reaktion nicht mehr verstehen, als wir Tom das erste Mal sahen.	

23 Der Fremde in unserer Familie

2. Lernschritt

➔ *Beantworte die Fragen zum Lesetext sinngemäß.*

➔ *Schreibe in vollständigen Sätzen.*

a) Was merkten meine Eltern zuerst? ____________________

____

b) Was für ein Gespräch hatte Mutter mit meiner Schwester Julia geführt? ____________________

____

c) In wen hatte sich Julia verliebt? ____________________

____

d) Worauf beharrte Julias Mutter? ____________________

____

e) Wie sah Tom aus? ____________________

____

f) Wieso gerieten die Vorstellungen des Vaters mächtig ins Wanken? ____________________

____

____

g) Wie reagierte der Vater nach einigen Wochen auf Tom? ____________________

____

h) Was konnten wir bald nicht mehr verstehen? ____________________

____

Zusatzaufgabe

Spielt mit euren eigenen Worten die Situation nach vom Klingeln an der Tür bis zum entspannten Gespräch am Kaffeetisch. (Die Personen: Jessica, Jens, Julia, Tom und die Eltern)

Wir werden Leseprofi / Klasse 7 – Bestell-Nr. 16 767
Fit durch Lesetraining!

24 Demokratie

„Alle Macht im Staat geht vom Volk aus." So steht es in unserem Grundgesetz, das auch Verfassung genannt wird. Es gilt seit dem 23. Mai 1949 und hat 146 Artikel. Die 146 Artikel regeln das Zusammenleben der Bürger. Sie sagen, welche Rechte und Pflichten jeder Bürger hat. Am Anfang des Grundgesetzes der Bundesrepublik Deutschland stehen die Grundrechte. Der erste Artikel lautet: „Die Würde des Menschen ist unantastbar." Die Grundrechte beinhalten, dass jeder Bürger vor dem Gesetz gleich zu behandeln ist. So regelt es auch die Gleichberechtigung von Mann und Frau, die Presse- und Meinungsfreiheit, die Glaubensfreiheit und das Verbot von Diskriminierungen. Aber bis das Grundgesetz erfunden wurde, dauerte es sehr lange. Die erste demokratische Versammlung fand vor 2500 Jahren statt. Auf einem Versammlungshügel in Athen trafen sich regelmäßig ca. 5000 Bürger. Damals verstand man unter Bürgern nur Männer, keine Frauen oder Sklaven. Sie entschieden nach langen Diskussionen, was zu beschließen war und alle Bürger etwas anging. Danach ging es mit der Demokratie aber wieder bergab. Auf diese demokratischen Versuche folgte eine lange Zeit, in der Könige und Kaiser als Alleinherrscher alles bestimmten. Erst 1767 wurde es wieder demokratisch. Die englischen Siedlungsgebiete in Nordamerika lösten sich von der Herrschaft des englischen Königshauses. Thomas Jefferson, ein Rechtsanwalt in Philadelphia, hatte den Auftrag, eine Unabhängigkeitserklärung zu verfassen. Kein König, sondern das Volk sollte in Wahlen bestimmen, wer regiert. In Deutschland verabschiedete 1848 die Nationalversammlung in der Frankfurter Paulskirche die ersten Rechte für das deutsche Volk. Damit war auch bei uns der Grundstein für eine Demokratie gelegt. Einige Ideen von damals finden sich im Grundgesetz heute wieder.

264 Wörter

1. Lernschritt

➔ *Lies die folgenden Sätze aufmerksam durch.*

➔ *Ist die Aussage inhaltlich richtig? Dann kreuze die Aussage an.*

 *<u>Achtung</u>: Du darfst jetzt nicht mehr im Text nachlesen!*

- -

Knicke das Blatt entlang dieser Linie nach hinten.

Richtig 

Nr.	Aussage	Richtig
1	Das Grundgesetz wird auch Verfassung genannt.	
2	Die Artikel sagen, welche Rechte und Pflichten jeder Bürger hat.	
3	Die Grundrechte beinhalten, dass nicht jeder Bürger vor dem Gesetz gleich zu behandeln ist.	
4	Die erste demokratische Versammlung fand vor 250 Jahren in Schweden statt.	
5	Als Bürger galten damals nur Frauen, keine Männer und Sklaven.	
6	Auf diese ersten demokratischen Versuche folgte eine lange Zeit, in der jeder machte, was er wollte.	
7	Die englischen Siedlungsgebiete in Nordamerika lösten sich von der Herrschaft des englischen Königshauses.	
8	Thomas Jefferson hatte den Auftrag, eine Unabhängigkeitserklärung zu verfassen.	
9	In Deutschland wurden die demokratischen Grundsteine erst 1960 gelegt.	
10	Einige Ideen von 1848 finden sich im Grundgesetz heute wieder.	

KOHL VERLAG
Wir werden Leseprofi / Klasse 7
Fit durch Lesetraining! – Bestell-Nr. 16 767

24 Demokratie

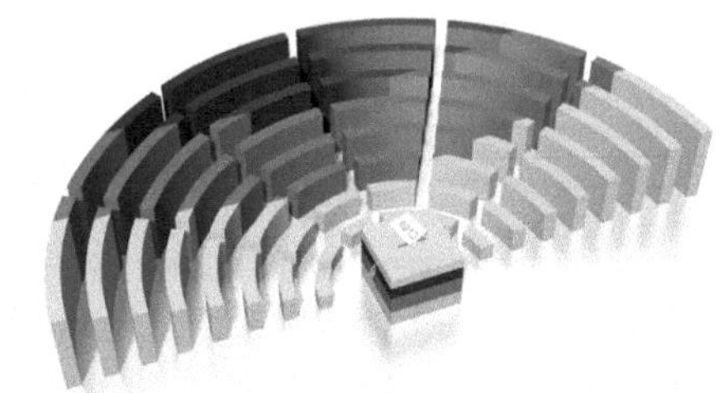

2. Lernschritt

➔ *Beantworte die Fragen zum Lesetext sinngemäß.*

➔ *Schreibe in vollständigen Sätzen.*

a) Was regeln die 146 Artikel des Grundgesetzes über das Zusammenleben der Bürger?

____

b) Nenne ein Beispiel, was die Grundrechte regeln! ______________________

____

c) Wo fand die erste Demokratische Versammlung statt? ______________________

____

d) Wer gehörte vor 2500 Jahren in Athen zu den Bürgern? ______________________

____

e) Wer bestimmte, als es nach den Athener Versammlungen mit der Demokratie wieder bergab ging?

____

____

f) Warum hatte Thomas Jefferson die Aufgabe, eine Unabhängigkeitserklärung zu verfassen?

____

____

g) Was wurde 1848 in der Frankfurter Paulskirche verabschiedet? ______________________

____

____

Zusatzaufgabe

Informiert euch über die demokratischen Entwicklungen in Deutschland nach dem Verabschieden der ersten Rechte für das deutsche Volk in der Frankfurter Paulskirche.

25 Das Grundgesetz

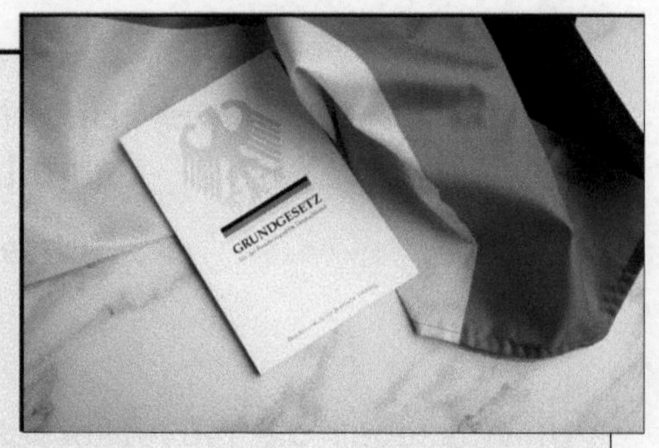

Jedes Land hat eine Verfassung, in der die Staatsform sowie die wichtigsten Regeln, Rechte und Pflichten für alle Bürgerinnen und Bürger festgelegt sind. Damit wird das Zusammenleben und die Grundordnung der Gemeinschaft bestimmt. Auch Deutschland hat eine Verfassung, wir nennen sie das Grundgesetz. Das deutsche Grundgesetz gibt es seit der Staatsgründung der Bundesrepublik Deutschland im Jahr 1949.
An das Grundgesetz müssen sich alle Menschen, Behörden und Gerichte halten. Kein Gesetz, das in unserem Land gilt oder von der Regierung beschlossen wird, darf dem Grundgesetz widersprechen.
Eines der wichtigsten und bekanntesten Grundrechte lautet „Die Würde des Menschen ist unantastbar". Weitere sehr wichtige Grundrechte sind das Recht auf freie Meinungsäußerung, das Recht auf freien Zugang zu wichtigen amtlichen Informationen oder Einblick in die Arbeit von Verwaltungen, die Pressefreiheit (jeder Journalist darf frei seine Meinung sagen und schreiben) oder das sogenannte Versammlungsrecht (alle Bürger haben das Recht, sich ohne Anmeldung oder Erlaubnis friedlich und ohne Waffen zu versammeln).
Auch das Recht auf Bildung ist im Grundgesetz festgehalten. Es gibt jedem Menschen das Recht auf Bildung und Zugang zur schulischen und beruflichen Ausbildung.
Das deutsche Grundgesetz wird vom Bundesverfassungsgericht in Karlsruhe geschützt. Diese Einrichtung achtet darauf, dass in unserem Land die Grundrechte beachtet und durchgesetzt werden.

202 Wörter

1. Lernschritt

➔ *Lies die folgenden Sätze aufmerksam durch.*
➔ *Ist die Aussage inhaltlich richtig? Dann kreuze die Aussage an.*

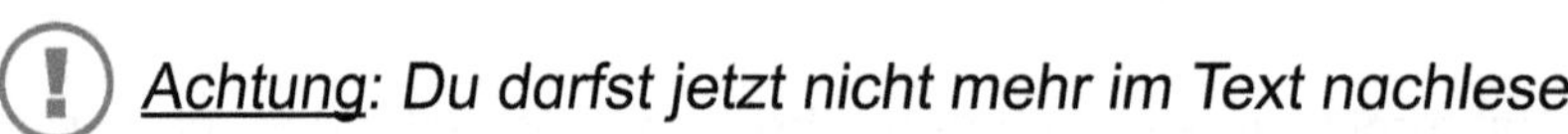
<u>Achtung</u>: Du darfst jetzt nicht mehr im Text nachlesen!

Knicke das Blatt entlang dieser Linie nach hinten.

Richtig 

1	In einer Verfassung werden die wichtigsten Regeln, Rechte und Pflichten für alle Bürgerinnen und Bürger festgelegt.	
2	Auch Deutschland hat eine Verfassung, wir nennen sie das Grundgesetz.	
3	Das deutsche Grundgesetz gibt es seit der Staatsgründung der Bundesrepublik Deutschland im Jahr 1998.	
4	An das Grundgesetz müssen sich nur die Behörden halten.	
5	Eines der wichtigsten Grundrechte lautet „Die Würde des Menschen ist unantastbar".	
6	Ein weiteres sehr wichtiges Grundrecht ist das Recht auf Schuldenfreiheit.	
7	Das Versammlungsrecht regelt, dass man sich mit Freunden treffen darf.	
8	Auch das Recht auf Bildung ist im Grundgesetz festgehalten.	
9	Das Grundgesetz wird vom Bundesgrundgesetzgericht in Karlsruhe geschützt.	
10	In Karlsruhe wird darauf geachtet, dass die Grundrechte stets durchgesetzt werden.	

KOHL VERLAG
Wir werden Leseprofi / Klasse 7 – Bestell-Nr. 16 767
Fit durch Lesetraining!

25

Das Grundgesetz

2. Lernschritt

➔ *Beantworte die Fragen zum Lesetext sinngemäß.*

➔ *Schreibe in vollständigen Sätzen.*

a) Was wird in der Verfassung eines Landes geregelt?

____

____

b) Wie nennt Deutschland seine Verfassung? ______________________

____

c) Seit wann gilt die deutsche Verfassung? ______________________

____

d) Wie lautet eines der wichtigsten und bekanntesten Grundrechte? ____________

____

____

e) Was besagt die Pressefreiheit? ______________________

____

f) Was besagt das Recht auf Bildung? ______________________

____

g) Welche Einrichtung schützt das Grundgesetz und worauf achtet diese? ____________

____

____

Zusatzaufgabe

Informiert euch darüber, wie das Bundesverfassungsgericht zusammengesetzt ist. Kann das Grundgesetz auch geändert werden? Wenn ja – welche großen Änderungen wurden seit der Gründung der Bundesrepublik Deutschland vorgenommen?

Wir werden Leseprofi / Klasse 7
Fit durch Lesetraining! – Bestell-Nr. 16 767

26 Johannes Gutenberg

Die Erfindung des Buchdrucks um das Jahr 1450 war von großer Bedeutung für die weitere Geschichte der Menschheit. Johannes Gutenberg, Handwerker in der Stadt Mainz, gilt als Erfinder dieser damals revolutionären neuen Drucktechnik. Gutenberg kam auf die Idee, einzelne bewegliche Buchstaben, auch „Lettern“ genannt, aus gegossenem Metall herzustellen und für den Buchdruck zusammenzufügen. Der Vorteil dieser Technik war, dass man diese Buchstaben stets wiederverwenden konnte, indem man sie nach dem Druck trennte und anschließend wieder neu zusammensetzte. Damals wurden Bücher noch per Hand geschrieben, was sehr zeitaufwändig war und eine größere Verbreitung von Schriften erschwerte. Durch Gutenbergs Erfindung war es möglich geworden, relativ schnell und dabei auch gut lesbar viele Bücher herzustellen. Mit einer Druckpresse wurde anschließend der zusammengesetzte Text auf Papier gebracht. Der Buchdruck ermöglichte es, Wissen sehr schnell durch Bücher und Schriften in alle Welt zu verbreiten. Dies hat die Welt verändert, weil Medien sich plötzlich für verschiedene Zwecke blitzschnell verbreiten ließen. Berühmt geworden ist zum Beispiel die sogenannte „Gutenberg-Bibel“, die den katholischen Glauben weiterverbreitete und für damalige Verhältnisse von hoher Druckqualität war. Gutenberg selbst hat von seiner revolutionären Erfindung nicht profitiert. Er war hoch verschuldet und starb verarmt in der Stadt Mainz.

195 Wörter

1. Lernschritt

➔ *Lies die folgenden Sätze aufmerksam durch.*

➔ *Ist die Aussage inhaltlich richtig? Dann kreuze die Aussage an.*

(!) *Achtung: Du darfst jetzt nicht mehr im Text nachlesen!*

Knicke das Blatt entlang dieser Linie nach hinten.

Richtig 

Nr.	Aussage	Richtig
1	Die Erfindung des Buchdrucks um das Jahr 1540 war von großer Bedeutung für die weitere Geschichte der Menschheit.	
2	Johannes Gutenberg war Handwerker in der Stadt Mainz.	
3	Gutenberg gilt als Erfinder dieser damals revolutionären neuen Drucktechnik.	
4	Gutenberg kam auf die Idee, einzelne bewegliche Buchstaben aus gegossenem Metall herzustellen.	
5	Der Nachteil dieser Technik war, dass man diese einzeln zusammengesetzten Buchstaben stets wiederverwenden musste.	
6	Damals wurden kaum noch Bücher per Hand geschrieben.	
7	Durch Gutenbergs Erfindung war es möglich geworden, relativ schnell und dabei auch gut lesbar viele Bücher herzustellen.	
8	Für die Druckpresse interessierte sich anfangs kaum jemand.	
9	Berühmt wurde die sogenannte „Gutenberg-Bibel“.	
10	Gutenberg wurde für seine revolutionäre Erfindung reicht belohnt.	

Wir werden Leseprofi / Klasse 7 – Bestell-Nr. 16 767
Fit durch Lesetraining! KOHL VERLAG

26 Johannes Gutenberg

2. Lernschritt

➔ *Beantworte die Fragen zum Lesetext sinngemäß.*

➔ *Schreibe in vollständigen Sätzen.*

a) Welche bahnbrechende Veränderung ergab sich um das Jahr 1450?

b) Wie funktionierte diese neue Drucktechnik?

c) Welcher Vorteil ergab sich aus den einzelnen Buchstaben?

d) Welchen Vorteil hatten Gutenbergs gedruckte Texte gegenüber handschriftlichen Texten?

e) Was hat der Buchdruck ausgelöst?

f) Welches ist das bekannteste Druckerzeugnis aus Gutenbergs Druckerei?

g) Was wurde aus Johannes Gutenberg?

Zusatzaufgaben

- *Diskutiert in der Klasse/Gruppe, warum der Buchdruck so eine revolutionäre Erfindung darstellte. Warum hat Gutenbergs Erfindung die Welt verändert?*
- *Fallen euch weitere bahnbrechende Erfindungen ein, die die Welt entscheidend veränderten?*

Wir werden Leseprofi / Klasse 7 – Fit durch Lesetraining! – Bestell-Nr. 16 767

27 Der große Blonde

Noah war umgezogen und kam als „der Neue“ in die siebte Klasse. Er selbst war wenig begeistert, der Neue zu sein. Denn alle Blicke waren auf ihn gerichtet, das war sehr unangenehm und schüchterte ihn ein. Der Klassenlehrer, Herr Neubert, stellte ihn vor und zeigte ihm seinen Platz im Klassenraum. Noah setzte sich. Zu seiner Linken saß ein großer blonder Junge, der ihn skeptisch anschaute. Rechts von ihm saß ein rothaariges Mädchen, das ihn neugierig musterte. Der Schultag begann mit einer Doppelstunde Deutsch, danach folgten Englisch und Musik. In der großen Pause kam das rothaarige Mädchen auf ihn zu. Sie wollte Noah den Pausenhof und die vielen Räume im Schulgebäude zeigen, die Noah ab sofort besuchen würde. Dem großen blonden Jungen missfiel das scheinbar, denn er schaute die beiden grimmig an. Noah fühlte sich unwohl. Anna, so hieß das Mädchen, bemerkte, dass Noah sich beobachtet fühlte. Sie zog ihn zu Seite, schaute ihn freundlich an und sagte: „Das ist typisch für ihn. Er traut sich das immer nur bei Fremden – oder bei meinen Freunden. Eigentlich ist Marco ein netter Kerl, bei seinen eigenen Freunden würde er sich dieses Verhalten gar nicht trauen. Er ist mein Bruder ....“ Noah spürte sofort eine große Erleichterung in sich aufsteigen. Man sah ihm an, wie eine schwere Last von ihm zu fallen schien, denn neu in der Klasse zu sein und gleich ins Visier eines großen starken Jungen zu geraten, das würde keinem gefallen! Anna schaute ihrem Bruder fest in die Augen und sagte: „Marco, lass den Noah in Ruhe!“ Es funktionierte – der große Blonde verzog sich. Noah nahm seinen Mut zusammen und fragte Anna leise: „Hast du Lust, mit mir heute Nachmittag in die Stadt zu gehen?“ Anna sagte kein Wort, aber ihr Lächeln war Antwort genug.

294 Wörter

1. Lernschritt

➔ *Lies die folgenden Sätze aufmerksam durch.*
➔ *Ist die Aussage inhaltlich richtig? Dann kreuze die Aussage an.*

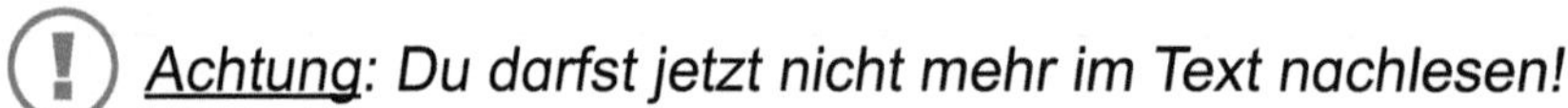

Achtung: Du darfst jetzt nicht mehr im Text nachlesen!

Knicke das Blatt entlang dieser Linie nach hinten.

Richtig 

		Richtig
1	Noah war „der Neue“ in der Klasse. Alle Blicke waren auf ihn gerichtet.	
2	Links neben Noah saß ein großer blonder Junge, der ihn skeptisch anschaute.	
3	Zu seiner Rechten saß ein blondes Mädchen, das ihn neugierig musterte.	
4	In der kleinen Pause kam das rothaarige Mädchen auf Noah zu.	
5	Anna wollte ihm den Pausenhof und das Schulgebäude zeigen.	
6	Dem großen blonden Jungen missfiel das scheinbar, denn er hätte Noah gerne selbst alles gezeigt.	
7	Der große blonde Junge hieß Marco, er war Annas Bruder.	
8	Noah spürte sofort eine große Wut in sich aufsteigen.	
9	„Marco, lass den Noah in Ruhe!“ zischte Anna ihren Bruder an.	
10	Anna hatte kein Interesse, mit Noah in die Stadt zu gehen.	

Der große Blonde

2. Lernschritt

➔ *Beantworte die Fragen zum Lesetext sinngemäß.*

➔ *Schreibe in vollständigen Sätzen.*

a) Noah, der Neue, bekam seinen Platz im Klassenraum zugewiesen. Wer saß neben ihm?

b) Wie reagierten die neuen Sitznachbarn auf Noah?

c) Was machte Anna, das rothaarige Mädchen, in der großen Pause?

d) Welches Verhalten zeigte der große Junge?

e) Warum war Noah plötzlich schlagartig erleichtert?

f) Wie entschärfte Anna die Situation?

g) Was fragte Noah daraufhin das Mädchen?

h) Wie reagierte Anna auf Noahs mutigen Vorstoß?

Zusatzaufgabe

Wie könnte die Geschichte weitergehen? Denke dir ein spannendes Ende dieser Kurzgeschichte aus. Schreibe in dein Heft.

KOHL VERLAG Wir werden Leseprofi / Klasse 7 Fit durch Lesetraining! – Bestell-Nr. 16 767

28 Die Lösungen

Richtig X

	1	2	3	4	5	6	7	8	9	10
1						X	X	X		
2		X		X	X		X		X	X
3		X		X		X		X	X	
4		X		X	X		X		X	
5	X		X			X		X	X	X
6		X			X	X		X		
7	X		X	X	X					
8			X	X		X			X	
9		X	X		X		X		X	X
10					X	X	X	X	X	X
11	X				X	X		X		
12		X	X		X		X			X
13	X			X	X		X		X	
14		X	X		X	X			X	
15		X		X		X	X		X	X
16	X	X	X	X	X	X	X			
17	X	X	X			X	X	X		
18		X		X	X	X		X		
19	X				X			X		
20	X			X	X		X	X		
21		X				X	X		X	X
22	X	X		X		X	X	X	X	
23		X		X		X				X
24	X	X					X	X		X
25	X	X			X			X		X
26		X	X	X			X		X	
27	X	X			X		X		X	

KOHL VERLAG
Wir werden Leseprofi / Klasse 7
Fit durch Lesetraining! – Bestell-Nr. 16 767

28 Die Lösungen

1 **a)** Eine Infektion mit Salmonellen. **b)** Der Erreger der Krankheit kommt in Fleisch, Milch, Milchprodukten, Eiern, Muscheln und Trinkwasser vor. **c)**) Toxine sind Giftstoffe. **d)** Diese Giftstoffe rufen Symptome wie Erbrechen und Durchfall hervor. **e)** Dauer und Verlauf der Krankheit ist vom Gesundheitszustand des Patienten abhängig. **f)** Bei einem geschwächten Körper kann die Erkrankung zum Tode führen. **g)** Die Ansteckung erfolgt nicht von Mensch zu Mensch, sondern über deren Ausscheidungen und über Abwässer.

2 **a)** Vor 4000 Jahren wurde die Seife von babylonischen Chemikern erfunden. **b)** Sie verkochten Öle und alkalihaltige Stoffe zu einer Substanz, mit der man sich vor allem die Haare wusch. **c)** Die Römer rieben sich mit Olivenöl ab, die Ägypter benutzten Soda und die Griechen nahmen Sand, Asche und Bimsstein. **d)** Mit dem Niedergang des Römischen Reiches ging es auch mit der Sauberkeit bergab. **e)** Aber nur in Europa, in den byzantinischen und später muslimischen Ländern legte man großen Wert auf Reinlichkeit. **f)** Man benutzte die „Seifenbohne". Sie enthält Saponin, die reinigende Substanz der Seife. **g)** Sie wird zu einem Öl gepresst und reinigt die Seidenstoffe besonders schonend.

3 **a)** Die Sonne besteht aus glühend heißem Gas. **b)** In ihrem Inneren wird ständig Wasserstoff in Helium verwandelt. **c)** Die freiwerdende Energie dieser Reaktion ist das Licht, das wir sehen und die Wärme, die wir fühlen können. **d)** Im Zentrum erreicht die Temperatur ca. 14 Millionen °C, während die Temperatur an der Oberfläche nur 6000°C beträgt. **e)** Riesige Gasausbrüche, auch Protuberanzen genannt, gehen ständig von der Sonnenoberfläche ab. **f)** Das sind dunklere, kühlere Stellen auf der Sonnenoberfläche. **g)** Das sind gewaltige Energieausbrüche an der Sonnenoberfläche. **h)** Die Nordlichter am nächtlichen Himmel in der Nähe der Pole werden durch Sonnenflares ausgelöst.

4 **a)** Nein, auch kleinste Teilchen sind mit ihr unterwegs. **b)** Der Sand aus Wüsten oder Abgase von Fabriken und Fahrzeugen. **c)** Er wird durch warme Winde aufgewirbelt. Diese steigen nach oben und nehmen die feinen Sandteilchen mit auf den langen Weg. **d)** Abgase von Fabriken, Ascheteilchen von Vulkanausbrüchen oder Pollen von Pflanzen. **e)** Kleine Rußpartikel finden den Weg in die Atemluft. **f)** Aus der Natur machen sich Pollen von den verschiedensten Pflanzen mit der Luft auf den Weg. **g)** Ascheteilchen von Vulkanausbrüchen sind oft bis zu zwei Jahren auf ihrer luftigen Reise.

5 **a)** Impfungen gegen Masern, Mumps und Röteln, Pocken und Kinderlähmung werden den Kleinen verabreicht. **b)** Er hatte die passive Immunisierung durch Kuhpocken entdeckt. **c)** Ihm fiel auf, dass die Mägde und Knechte, die mit Kuhpocken infiziert worden waren, nicht mehr an den richtigen Pocken erkrankten. **d)** Ein Heilmittel war nötig, um die Menschheit von der Geißel zu befreien. **e)** Er ritzte dem achtjährigen James Phipps Pockenerreger in die Haut. Er steckte den Bauernjungen absichtlich an! **f)** Aber der Junge erkrankte nicht, denn Jenner hatte ihn zuvor mit Kuhpocken infiziert. **g)** Nach diesem Prinzip, den Körper Abwehrkräfte bilden zu lassen, funktionieren alle Impfungen.

6 **a)** Sie macht uns beweglich, federt Stöße ab und gibt uns Stabilität, mal etwas Schweres zu tragen. **b)** Die Wirbeltiere entlasten ihre Wirbelsäule besser als wir Zweibeiner. **c)** Sie sieht von der Seite aus wie ein doppelt s-förmiger Turm aus 33 Knochen. **d)** Bänder und Muskeln sorgen dafür, dass dieser Turm nicht einknickt, beweglich ist und jede Bewegung mitmacht. **e)** Zwischen den Wirbeln sind kleine Geleekissen, die Bandscheiben. **f)** Die Giraffe hat genauso viele Wirbel wie die Menschen, nur stabilere, denn sie müssen den langen Hals tragen. **g)** Zum Fliegen eignet sich ein starres Knochengerüst besser. **h)** Da 80% der deutschen Bevölkerung im Laufe ihres Lebens mit dem Rücken Probleme bekommen, sollte man vorbeugen und Sport treiben!

7 **a)** Er war ein bedeutender und genialer Künstler, Maler und Bildhauer der italienischen Renaissance und arbeitete zudem noch als Baumeister und Dichter. **b)** Lorenzo de Medici förderte das junge Genie, das so im Florenz des 15.Jhd. schnell berühmt wurde. **c)** Papst Julius holte ihn 1504 nach Rom. **d)** Dort sollte er die Sixtinische Kapelle ausmalen. **e)** Die schwierigen Figuren, denn es war damals nämlich üblich, die weniger wichtigen Stellen eines Gemäldes von den Gehilfen malen zu lassen. **f)** David ist Michelangelos berühmteste Skulptur aus einem einzigen Block Marmor. **g)** Das Original ist im Museum untergebracht.

8 **a)** Durch einen Mini-Sender, der registriert, wo sich das Kind gerade befindet. Eine SMS wird an die Eltern herausgegeben, die so kontrollieren können, wann ihr Kind die Schule verlassen hat oder angekommen ist. **b)** Ob einem Kind etwas auf dem Schulweg passiert ist. **c)** Manche Kinder haben einen Schulweg von fast zwei Stunden. **d)** Einen Mini-Helikopter hat Woody Norris in den USA entwickelt. **e)** Wenn man in abgelegenen Gegenden des großen Landes USA lebt. **f)** Nicht mal einen Flugschein benötigt man für den Zwerghubschrauber. **g)** Rund 40000 Euro kostet das Fluggerät, das nur etwas größer als ein Auto ist.

9 **a)** Sie sind sehr schnell und bestens für die Unterwasserjagd angepasst. **b)** Haie schwimmen so schnell wie Motorboote, nur unter Wasser! **c)** Blut können sie kilometerweit orten. **d)** Unter ihrer Kopfhaut sitzen Lorenzinische Ampullen, die die elektrischen Signale, die jedes Lebewesen aussendet, wie Bewegungen oder den Herzschlag, aufnehmen. **e)** Sie haben keine Schuppen, sondern eine dreischichtige Haut, wie wir Menschen. **f)** Auf der Außenschicht sitzen echte kleine Minizähnchen, die „Placoidschuppen". Sie machen die Haut so rau wie Sandpapier. Wassermoleküle legen sich zwischen die Zähnchen und so ist die Haihaut wie von einem dünnen Wasserfilm umhüllt. **g)** Ein Grund ist die Vorliebe der Menschen für Haifischflossensuppe.

10 **a)** In Asien trank man Tee. **b)** Um 50 v. Chr. ist der erste Teegebrauch in Südchina nachgewiesen. **c)** Er wurde zunächst als Heilmittel gesehen und wurde nach einem zu reichlich genossenen Essen gereicht. **d)** Weil die Schokolade bei den Maya so hoch in der Gunst ihrer Genießer stand. **e)** Kakao wurde erstmals um 100 n. Chr. getrunken. **f)** Die Anbaugebiete lagen in Äthiopien. **g)** Von Mekka aus verbreitete sich der Kaffee in der ganzen islamischen Welt. **h)** Das erste Café eröffnete in Paris.

11 **a)** Durch kleinere Erdstöße oder Rauchwolken über dem Gipfel. **b)** Sie können Vulkane bewundern, die ständig Lava spucken, die sich zischend ins Meer ergießt. **c)** Dann wiederum gibt es „schlafende" Vulkane, einer der bekanntesten ist der Vesuv bei Neapel. **d)** Bei seinem letzten Ausbruch wurde die Hafenstadt Pompeji vollständig verschüttet. **e)** Magma ist sehr heißes, flüssiges Gestein, das ständig unter der harten Erdkruste in Bewegung ist. **f)** Sie beträgt nämlich nur 60 bis 100 Kilometer. **g)** Diese sind ständig in Bewegung und reiben dabei aneinander. **h)** Kommt es zu einem Vulkanausbruch, wird heiße Lava aus dem Schlot des Vulkans geschleudert.

12 **a)** Als Zivilisation wird die technisch fortgeschrittene, verfeinerte, äußere Form des Lebens verstanden. **b)** Dies meint eigentlich unser Leben am PC, vor dem Fernseher und die Hilfe der vielen elektrischen Helfer. **c)** Sie führt zu Bewegungsarmut und zu vielen Zivilisationskrankheiten, die ein Problem für unsere Gesellschaft werden. **d)** Herz- und Kreislauferkrankungen, wie Herzinfarkt und Schlaganfall. **e)** Haltungsschäden sind die Folge, wenn Kinder sich zu wenig bewegen. **f)** Vor allem oft zu fett und zu süß. **g)** Abhilfe schaffen da nur Bewegung an frischer Luft und eine ausgewogene Ernährung.

Wir werden Leseprofi / Klasse 7
Fit durch Lesetraining! – Bestell-Nr. 16 767

28 Die Lösungen

13 **a)** Es kann Herzklopfen und weiche Knie hervorrufen, Verliebte träumen vom anderen. **b)** Verliebte können glücklich sein und im nächsten Moment zutiefst betrübt. **c)** Früher dachte man, nur das Herz sei dafür verantwortlich. **d)** Auf alten Gemälden wird Amor, ein kleiner dicker Engel, immer mit Pfeil und Bogen dargestellt, der auf das Herz zielt. **e)** Das ist für die liebevollen Empfindungen, das Herzklopfen und Bauchweh verantwortlich. Es sendet Botenstoffe aus, die Nervenzellen aktivieren und diese entfachen im ganzen Körper die Liebe. **f)** Es bewirkt, dass wir alles durch eine „rosarote Brille" sehen. **g)** Nach einem Jahr lässt dieser Rausch aber wieder nach und das Gehirn schüttet andere Liebeshormone aus, die unser Leben wieder in ruhigere Bahnen bringen.

14 **a)** Das waren Sokrates, Plato und Aristoteles, die im antiken Griechenland lebten und lehrten. **b)** Er vertrat die Meinung, dass moralisches Verhalten der Menschen von innen heraus käme. Jeder Mensch verhalte sich demnach moralisch, wenn er wüsste, was Recht und Unrecht ist. **c)** Plato war der Schüler von Sokrates. **d)** Nachdem er viel gereist war, gründete er in Athen die Akademie, eine Philosophenschule. **e)** Ein Schüler Platos war Aristoteles, der von 384 bis 322 v. Chr. lebte. **f)** Aristoteles war Naturforscher. **g)** Man bezeichnet die Griechen der Antike oft als Erfinder der Mathematik. **h)** Große Erfolge erzielten die Griechen auch in der Geometrie. Der Satz des Pythagoras gilt seit Jahrtausenden und ist Lehrstoff an allen Schulen der Welt.

15 **a)** Dieses lateinische Wort bedeutet so viel wie ‚Umwälzung'. **b)** Es ist von der Französischen Revolution die Rede. **c)** Es wurden für das Volk menschenverachtende Beschlüsse und Verordnungen erlassen. **d)** Deshalb waren die einfachen Leute am Rande des Existenzminimums. **e)** Alles, was man zum Leben benötigte, war kaum zu bezahlen und das wenige Geld, was diese Menschen verdienten, wurde ihnen als Steuer wieder abgenommen. **f)** Es kam zur Machtverteilung zu Gunsten des Bürgertums. **g)** Es dauerte aber noch viele Jahre, bis der Wunsch des gemeinen Volkes nach Gleichberechtigung und Anerkennung in Erfüllung ging. **h)** Der damalige Schlachtruf lautete „liberté, égalité und fraternité", das heißt „Freiheit, Gleichheit und Brüderlichkeit".

16 **a)** Die Flügelspannweite beträgt 80 Meter. **b)** Bis zu 850 Passagiere sollen in zwei Etagen befördert werden. **c)** Die Haltbarkeit der Maschine wird getestet. **d)** Der Jet darf nicht mehr als 560 Tonnen wiegen. **e)** Viele verschiedene Materialien wurden entwickelt, so z.B. neuer Kunststoff, der sechsmal fester als Stahl ist, aber nur die Hälfte wiegt. **f)** Über 60 Firmen aus der ganzen Welt sind mit ihren Konstrukteuren daran beteiligt. **g)** Erst dann, wenn alles funktioniert und auf eine harte Probe gestellt wurde.

17 **a)** Sie sind immer da zur Stelle, wo Jungen und Mädchen hungern, flüchten müssen oder grober Gewalt ausgesetzt sind. **b)** Im Iran betreut UNICEF eine Schule, in der benachteiligte Kinder lesen und schreiben lernen sollen. In vielen Ländern der Erde sind die Mädchen fast rechtlos. Sie bekommen keine Bildung und müssen früh heiraten. **c)** Sie lernen lesen, schreiben und rechnen. **d)** Sie verstanden gar nicht, weshalb ihre Töchter zur Schule gehen sollten. Sie behielten sie zu Hause, bis die Mitarbeiter des Schulprojektes von UNICEF sie aufsuchten. **e)** Das Kinderhilfswerk stellt die Räume und Materialien für den Unterricht. **f)** Darin lernen sie, dass Frauen Rechte haben. Die Mädchen lernen, Mut zu fassen und sich gegen ungerechte Behandlung zu wehren. **g)** Es ist noch ein langer und steiniger Weg, bis sie die gleichen Rechte wie ihre Brüder haben.

18 **a)** Pottwale sind riesige Meeressäuger. **b)** Auf ihrer Jagd nach Tintenfischen tauchen sie bis zu 1000 Meter tief. **c)** Wird das Wasser zu flach, in dem sie sich aufhalten, kann ihr eigenes Gewicht sie erdrücken. **d)** Messer, Sägen und auch Bagger sind dafür nötig. **e)** Sie verbrauchen 700 kg Waschpulver und 150 Liter Spülmittel. **f)** Der 1,2 Tonnen schwere Kopf passt nicht durch das Treppenhaus. **g)** Es wird kurzerhand ein Loch in die Wand gebrochen und der Schädel mit einem Baukran hindurchgereicht. **h)** Bis alle Knochen an ihrem Platz sind, vergehen drei Jahre.

19 **a)** Keine Einzelkämpfe, sondern eine Klassenwertung sollte gemacht werden. Es ging nicht nur um Schnelligkeit und Weite, sondern auch um Geschicklichkeit, Ausdauer und Wissen. **b)** Alle waren neugierig auf den Versuch des neuen Sportlehrers. **c)** „Was für ein Kinderfest", höhnten die Jungen. **d)** Jeder sollte mit seinen Qualitäten zum Sieg der Klasse beitragen. **e)** Jan machte „Fein essen gehen" vor und zerschnippelte dafür etwas mit abgespreiztem Finger in der Luft. **f)** Am Schluss des Festes regnete es wie aus Eimern. **g)** Die Auszählung der vierzehn Stationen war spannend, aber die 7a war sich ihres Sieges sicher.

20 **a)** Weil wir unsere Zeugnisse erhielten, und ich hatte ein mulmiges Gefühl. **b)** Ich hatte einfach zu wenig getan. **c)** Mit Freunden quatschen, rumhängen und Musik hören waren Ablenkungen, die mir besser gefielen als Gedichte zu lernen und mich mit der Grammatik herumzuärgern. **d)** Die fünf in Mathe war eine Katastrophe! **e)** Dann aber fiel mein Blick auf die Note in Deutsch: Auch eine 5. Ich zitterte vor Schreck, wie sollte ich das meinen Eltern erklären? **f)** „Melde dich zu einer Nachprüfung in Deutsch. Ich bin in den ersten drei Wochen noch hier, ich gebe dir und Uschi zweimal in der Woche Nachhilfe, kostenlos! Den Rest müsst ihr selbst dazu tun." **g)** Thema war ein Essay über Thomas Mann und die Buddenbrooks. **h)** Ab jetzt war lernen angesagt.

21 **a)** Ich wollte noch eine Stunde Rad fahren. **b)** Ich denke über Eltern, Geschwister, Schule und Freunde – alles geht dann durch meinen Kopf. **c)** Es zog ein Gewitter auf, ein richtiges Unwetter ging über mir nieder. **d)** ‚Eichen weichen, Buchen suchen' - dummerweise befand ich mich aber in einem Tannenwald, wo es keine Laubbäume gab. **e)** Es war Sabine, ein Mädchen aus der Parallelklasse. **f)** Ich aktivierte allen Mut, legte ihr mein T-Shirt um die Schulter und nahm sie ganz vorsichtig in den Arm. **g)** Wir radelten gemeinsam ein Stück und mussten uns dann trennen. **h)** Wir wurden Freunde, aber es blieb immer eine leichte Spannung zwischen uns. Ich frage mich, ob ich mich in sie verliebt hatte.

22 **a)** Diamanten sind beliebt, weil sie nicht aus der Mode kommen und ihren Wert nicht verlieren. **b)** Bei einer Hitze von 1500 °C werden Kohlenstoffpartikel im Innern der Erde unter hohem Druck zu einem der härtesten Kristalle zusammengepresst. **c)** Es gibt auch gelbe, grüne, orange oder tiefblaue Diamanten. **d)** Durch den besonderen Brillantschliff. **e)** Sie bearbeiten ihn mit anderen Diamanten oder mit Laserstrahlen. **f)** Weil der Stein nach dem Brillantschliff besonders viel Licht spiegelt. **g)** Der Rest landet zum Beispiel als Industriediamant auf Bohrmeißeln. **h)** Der Zahnschmelz, den sie bohren sollen, ist sehr hart.

23 **a)** Meine große Schwester hatte sich verändert. Sie war seit einiger Zeit zickig. **b)** Eines Gespräch von „Frau zu Frau". **c)** Sie hatte sich in einen ein Jahr älteren Neuen in ihrer Klasse verliebt. **d)** Meine Mutter beharrte darauf, dass Julia ihn am Sonntag zum Nachmittagskaffee einladen sollte, damit meine Eltern ihn kennen lernen könnten. **e)** Tom sah wirklich umwerfend gut aus, aber er war ein Punker. **f)** An einen Punker als Freund seiner Tochter hatte er noch nie gedacht. **g)** Auch mein Vater war nach einigen Wochen von Tom begeistert. **h)** Bald konnten wir unsere dumme und seltsame Reaktion, als wir Tom das erste Mal sahen, nicht mehr verstehen.

24 **a)** Sie sagen, welche Rechte und Pflichten jeder Bürger hat. **b)** Es regelt zum Beispiel die Gleichberechtigung von Mann und Frau. **c)** Vor 2500 Jahren trafen sich auf einem Versammlungshügel in Athen regelmäßig ca. 5000 Bürger. **d)** Damals verstand man unter Bürgern nur Männer, keine Frauen oder Sklaven. **e)** Auf diese demokratischen Versuche folgte eine lange Zeit, in der Könige und Kaiser als Alleinherrscher alles bestimmten. **f)** Weil sich die englischen Siedlungsgebiete in Nordamerika von der Herrschaft des englischen Königshauses loslösten. **g)** Es wurden die ersten Rechte für das deutsche Volk verabschiedet.

Die Lösungen

25 **a)** In einer Verfassung werden die wichtigsten Regeln, Rechte und Pflichten für das Zusammenleben aller Bürgerinnen und Bürger festgelegt. **b)** Die deutsche Verfassung nennen wir das Grundgesetz. **c)** Das deutsche Grundgesetz gilt seit der Staatsgründung der Bundesrepublik Deutschland im Jahr 1949. **d)** Eines der wichtigsten und bekanntesten Grundrechte lautet „Die Würde des Menschen ist unantastbar". **e)** Die Pressefreiheit garantiert jedem Journalist, dass er frei seine Meinung sagen und schreiben darf. **f)** Jeder Mensch hat das Recht auf Bildung und auf den Zugang zur schulischen und beruflichen Ausbildung. **g)** Das deutsche Grundgesetz wird vom Bundesverfassungsgericht in Karlsruhe geschützt. Diese Einrichtung achtet darauf, dass in unserem Land die Grundrechte beachtet und durchgesetzt werden.

26 **a)** Um das Jahr 1450 wurde der Buchdruck durch Johannes Gutenberg erfunden. **b)** Schriften wurden nicht mehr handschriftlich verfasst, sondern man setzte Texte mit einzelnen beweglichen Buchstaben aus gegossenem Metall zusammen. **c)** Man konnte die Buchstaben stets wiederverwenden, indem man sie nach dem Druck trennte und neu zusammensetzte. **d)** Die gedruckten Texte waren gut lesbar und viel schneller produziert. **e)** Der Buchdruck ermöglichte es, Wissen sehr schnell durch Bücher und Schriften in alle Welt zu verbreiten. **f)** Das bekannteste Druckerzeugnis ist die sogenannte „Gutenberg-Bibel". **g)** Gutenberg hat von seiner Erfindung nicht profitiert, er war hoch verschuldet und starb verarmt in Mainz.

27 **a)** Zu seiner Linken saß ein großer blonder Junge, rechts von ihm ein rothaariges Mädchen. **b)** Der große blonde Junge betrachtete ihn skeptisch, das rothaarige Mädchen musterte ihn neugierig. **c)** Anna kam auf Noah zu und wollte ihm den Pausenhof und die vielen Räume im Schulgebäude zeigen. **d)** Der große Blonde schaute grimmig, ihm missfiel es scheinbar, dass Anna sich um Noah kümmerte. **e)** Anna klärte Noah auf, dass der blonde grimmige Junge ihr Bruder war. **f)** Anna schaute ihrem Bruder fest in die Augen und sagte zu ihm: „Marco, lass den Noah in Ruhe!" **g)** Er fragte Anna: „Hast du Lust, mit mir heute Nachmittag in die Stadt zu gehen?" **h)** Sie lächtelte wortlos, was ein „Ja" bedeuten sollte.

Autorenteam Kohl-Verlag & Jochen Vatter

Stationenlesen ... in 3 Niveaustufen

Mit sinnerfassenden Fragestellungen wird der Kompetenzbereich Lesen erarbeitet und vertieft. Das Material ist in drei Niveaustufen aufbereitet, so führen die Stationen zu einem Erfolgserlebnis und motivieren zum Weitermachen.

Motivierend und nachhaltig!

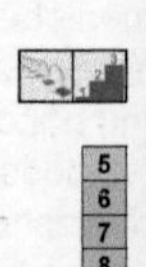

48 Seiten	Klasse 5	12 089	ab 11,99 €
60 Seiten	Klasse 6	12 090	ab 13,49 €
64 Seiten	Klasse 7	12 252	ab 14,49 €
64 Seiten	Klasse 8	12 392	ab 14,49 €

5 6 7 8

5. Schuljahr – Autorenteam Kohl-Verlag – Stationenlesen Klasse 5 – Übersichtliche Aufgabenkarten • Schnelle Vorbereitung • Mit Lösungen zur Selbstkontrolle – KOHL VERLAG

Ulrike Stolz & Lynn-Sven Kohl

Lesetraining konkret!

Sinnerfassendes Lesen anhand von Sachtexten

Die Kernaussagen eines Textes müssen beim Lesen erfasst werden. Dieses Lesetraining vermittelt Vorgehensweisen, wie man mit der jeweiligen Textart am besten arbeitet. So gibt es zu jeder Textart ein individuelles Anleitungsblatt, das Methoden bzw. Techniken zur Sinnerfassung erklärt.

Klasse 5/6	11 264	
Klasse 7/8	11 265	*je 64 Seiten*
Klasse 9/10	11 266	ab 13,49 €

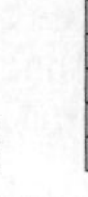

5 6 7 8 9 10

Sekundarstufe – U. Stolz & L.-S. Kohl – Lesetraining konkret! – Sinnerfassendes Lesen anhand von Sachtexten – Klasse 5/6 – KOHL VERLAG

Peter Botschen

Die Fünf-Schritt-Lesemethode

DIE effektivste Methode, nachhaltig Lesen zu lernen

Viele haben Probleme, Texte inhaltlich zu erfassen. Dem wollen wir entgegen wirken mit DER Lesemethode schlechthin: der „5-Schritt-Lese-Methode". Für leistungsschwächere Schüler haben wir diese um die „6-Schritt-Lese-Methode" ergänzt. Dieser Band umfasst Kopiervorlagen zur Anfertigung eines Lesefächers für die Klassen 3/4 in der bekannten Fibelschrift, und für die Klassen 5-7 dementsprechend altersgerecht. Für die Klasse 8-10 ist die Lesemethode in einem Anleitungsblatt verfasst, ebenfalls für die Oberstufe. ***Mit farbigem Poster fürs Klassenzimmer!***

60 Seiten	12 570	ab 19,99 €

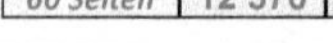

FÖ INK – Alle Stufen

Alle Klassenstufen – Peter Botschen – Die 5-Schritt-Lesemethode – DIE effektivste Methode, nachhaltig Lesen zu lernen – Ab 8 Jahren einsetzbar – KOHL VERLAG

Mag. C. Ertl & S. Tschannerl

Lesen lernen mit Ferdinand

Legasthenie wirksam bekämpfen

Der Band ist in mehreren Stufen aufgebaut. Zu Beginn wird die Konzentration geübt, anschließend die optische Wahrnehmung mit Bildern, Buchstaben und schließlich mit Sätzen bzw. Geschichten. Der Schüler findet Fehler, löst Rätsel und beantwortet Fragen. Wichtig ist, dass Lernen Spaß macht und mit positiven Emotionen verbunden werden kann, daher sind manche Texte wirklich „schräg". Wichtig ist, dass Lernen Spaß macht und mit positiven Emotionen verbunden werden kann!

52 Seiten	12 410	ab 14,49 €

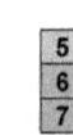

FÖ INK – 5 6 7

8 bis 12 Jahre – Mag. C. Ertl & S. Tschannerl – Lesen lernen mit Ferdinand – Legasthenie wirksam bekämpfen – Übungen zum sinnerfassenden Lesen – KOHL VERLAG

Wolfgang Krüger

120 Lese- & Schreibübungen mit Wortfamilien

***Förderung der Rechtschreibung** und **Schreibkompetenz** in drei Schritten: **1.** Wörter vergleichen und den gemeinsamen Stamm markieren, **2.** Wörter in den Lückentext einsetzen, was sorgfältiges Lesen erfordert, **3.** Wörter nach Bausteinen gegliedert aufschreiben. Hierbei werden die Kinder mit dem Stammprinzip vertraut, was ihnen hilft, sich vom rein lautbezogenen Schreiben zu lösen. Ausgewählt sind nur Wortfamilien mit Besonderheiten (Doppelkonsonanten, stummes h oder Ableitungen). Die Arbeitsblätter eignen sich hervorragend für die Freiarbeit und Wochenplanarbeit - ideal für die tägliche Leseübung!*

128 Seiten	10 748	ab 21,49 €

FÖ INK – 5

3.-5. Schuljahr – Wolfgang Krüger – 120 Lese- und Schreibübungen – Stammbaume – Baumstämme – mit Wortfamilien – • Förderung der Rechtschreib-Entwicklung • Auch zur gezielten Einzelförderung geeignet – KOHL VERLAG

Nik Dinges-Vonderlehr & Tobias Vonderlehr

26 Lese-Bild-Geschichten

zur Konzentrationssteigerung

Mit diesen Kopiervorlagen können die Schüler die Szenerie der vorgegebenen Geschichten nach Anleitung gestalten. Die Arbeitsaufträge sind in den Geschichten eingefügt, sodass durch konzentriertes und aufmerksames Lesen ein Bild entsteht, das den Text inhaltskonform illustriert. Über das Leseverstehen wird die Konzentration geschult und die visuelle Wahrnehmung gesteigert. Jeder Schüler wird außerdem in seiner künstlerischen Individualität gefördert.

48 Seiten	11 928	ab 13,49 €

FÖ – 5 6 7

3.-7. Schuljahr – Nik Dinges-Vonderlehr & Tobias Vonderlehr – 26 Lese-Bild-Geschichten zur Konzentrationssteigerung

Leseförderung

Ulrike Stolz & Lynn-Sven Kohl

Wir werden Leseprofi

Die Lesekompetenz sowie das sinnerfassende Lesen werden trainiert und durch regelmäßigen Einsatz verbessert und gefestigt! Diese funktioniert in drei einzelnen Lernschritten:

- **Lernschritt 1:** *Ein Lesetext wird möglichst aufmerksam gelesen.*
- **Lernschritt 2:** *Richtig/Falsch-Aussagen zum Text werden entsprechend markiert, ohne erneut im Text nachzulesen.*
- **Lernschritt 3:** *Anhand weiterer Impulsfragen zum Lesetext trainieren die Schüler, vollständige Antworten auf konkrete Fragestellungen zu formulieren. Das erhöht zusätzlich die Fähigkeit, sich inhaltlich mit einem Text auseinanderzusetzen.*

5 6 7 8 9 10

FÖ INK PDF plus

5. Schuljahr – U. Stolz & L.-S. Kohl – Überarbeitete Neuauflage – Der Leseprofi 5 – Fit durch Lesetraining! – Intensives Training des sinnerfassenden Lesens – KOHL VERLAG – www.kohlverlag.de

Hauptband

Die Leseprofis dienen dem sinnerfassenden Lesen:

Lesetext ⇨ Richtig-Falsch-Aussage ⇨ Sinnerfassende Fragen schriftlich beantworten

Klasse 5	16 765	
Klasse 6	16 766	
Klasse 7	16 767	
Klasse 8	16 768	*je 64 Seiten*
Klasse 9/10	16 769	ab 15,99 €

Arbeitshefte

Die Arbeitshefte decken weitere wichtige Bereiche des Lesens ab:

⇨ Silbenübungen; ⇨ Wortbedeutungen und -erfassung; ⇨ Schreibübungen; ⇨ optische Erfassung ...

Klasse 5	16 775	
Klasse 6	16 776	
Klasse 7	16 777	
Klasse 8	16 778	*je 64 Seiten*
Klasse 9/10	16 779	ab 15,99 €

Sabrina Hinrichs & Autorenteam Kohl-Verlag

Lesetexte Jahreszeiten

Texte in drei Niveaustufen

Motivierende und jahreszeitbezogene Texte, Geschichten fördern die Lesekompetenz. Die inhaltlich gleichen Vorlagen sind in ***drei Niveaustufen*** *(grundlegendes Niveau, mittleres Niveau, erweitertes Niveau) verfasst und ermöglichen allen Lernenden das ihrem Leistungsvermögen entsprechende Textverstehen. Übungsaufgaben und Lernzielkontrollen schließen sich an die jeweiligen Lesetexte in verschiedenen Niveaustufen an.*

FÖ PDF plus – 5 6

56 S.	Frühlingszeit	11 736	ab 13,49 €
64 S.	Sommerzeit	11 737	ab 14,49 €
64 S.	Herbstzeit	11 733	ab 13,49 €
48 S.	Winterzeit	11 734	ab 13,49 €
64 S.	Weihnachten	11 823	ab 14,49 €
64 S.	Ostern	12 809	ab 14,99 €

3.-6. Schuljahr – Autorenteam Kohl-Verlag – Lesetexte Herbstzeit – Texte in drei Niveaustufen – KOHL VERLAG

Horst Hartmann, Jürgen Tille-Koch & Autorenteam Kohl-Verlag

LESETRAINING

in drei Niveaustufen

Sinnerfassendes Lesen ist ***DIE*** *Grundkompetenz für erfolgreiches Lernen! Hier sind differenzierende Lesetexte und Aufgaben in* ***drei Niveaustufen*** *– jede Geschichte gibt es also in drei verschiedenen Schwierigkeitsvarianten (kürzere oder längere Sätze, geänderte Wortwahl, angepasster Schwierigkeitsgrad bei den gestellten Aufgaben) – je nach dem vorhandenen Leistungsvermögen der Schüler*innen innerhalb einer Klasse/ Gruppe. Dabei bleibt die Geschichte inhaltlich stets gleich, sodass in der Klasse differenziert gearbeitet werden kann und trotzdem alle dasselbe Thema besprechen können. Im Anschluss an jeden Text finden sich abwechslungsreiche, alle den Bereich „Lesen" unterstützende, niveaugerechte Aufgaben (auch zu den Sekundärkompetenzen im Deutschunterricht). Dies garantiert optimale Differenzierung und Individualisierung.*

Klasse 5	16 705	
Klasse 6	16 706	
Klasse 7	16 707	
Klasse 8	16 708	
Klasse 9	16 709	*je 80 Seiten*
Klasse 10	16 710	ab 17,49 €

FÖ INK PDF plus – 5 6 7 8 9 10

5. Schuljahr – H. Hartmann & J. Tille-Koch – LESETRAINING in drei Niveaustufen – Überarbeitete Neuauflage – 5 – Differenzierung mit Selbstkontrolle – KOHL VERLAG – www.kohlverlag.de

- Differenzierende Ausgaben
- Lesetexte und Aufgaben in drei Niveaustufen
- Eine Geschichte in 3 Varianten
- Mit Selbstkontrollmöglichkeit